Außergewöhnlich

Conny Rapp

Paranus Verlag

Conny Rapp

Außergewöhnlich

Kinder mit Down-Syndrom und ihre Mütter

Mit einem Nachwort von Siegfried M. Pueschel

Edition Jakob van Hoddis

ARBEITSKREIS DOWN-SYNDROM e. V.
Selbsthilfe von Menschen mit Down-Syndrom, von ihren Eltern und Geschwistern in Deutschland

Schriftenreihe „Da sein, wo alle sind" - Nr. 4

Bibliografische Information Der Deutschen Bibliothek
Die Deutsche Bibliothek verzeichnet diese Publikation in der Deutschen Nationalbibliografie; detaillierte bibliografische Daten sind im Internet über http://dnb.ddb.de abrufbar.

Edition Jakob van Hoddis im Paranus Verlag

Postfach 1264
24502 Neumünster
Telefon (04321) 2004-500
www.paranus.de

Fotos und Layout: Conny Rapp, Stuttgart
Satz: Frank Albrecht, Pixeloffice, Leonberg
Herstellung: proWerk - Servicecenter Druck, Bielefeld

ISBN 3-926200-89-8

Dieses Buch widme ich allen Müttern außergewöhnlicher Kinder, die mit ihrer bedingungslosen Liebe und Großzügigkeit unsere Welt mit Schönheit und Menschlichkeit füllen.

Inhaltsverzeichnis

EINFÜHRUNG

„Wenn ich an Sie denke, muss ich immer weinen." Dieser Satz galt mir – der Mutter einer gesunden, damals etwa 18 Monate alten Tochter. Gesagt hat ihn eine entfernte Bekannte. Meine Reaktion? Eigentlich gar keine, ich war schlicht zu perplex. In diesen Momenten wünscht man sich dann immer, viel schlagfertiger zu sein. Anstatt dessen bekommt man überhaupt keinen Ton heraus, man ist erst einmal fassungslos und ein wenig wütend oder traurig. Wie kann sie nur so etwas sagen? Und warum bemitleidet sie uns eigentlich?

Unsere Juliana ist ein Geschenk. Dieses süße, neugierige, aufgeweckte, schelmische Mädchen bezaubert mit ihren strahlenden, großen Augen und mit ihrer Lebensfreude und ihrem ansteckenden Lachen einfach jeden, der ihr begegnet.

Ach so, vielleicht habe ich was ganz (Un-) Wesentliches vergessen zu erwähnen: Juliana hat ein Chromosom mehr als wir. Und dieses eine Chromosom scheint wohl für so manches verantwortlich zu sein – beispielsweise für die vielen Ängste, Unwissenheit und Vorurteile in unserer Gesellschaft.

Mit etwas Abstand wurde mir klar, was diese Bekannte zu ihrer Aussage bewogen hat, mit der sie mich unwissentlich nicht getröstet, sondern – ganz im Gegenteil – verletzt hat. Sie wusste es einfach nicht besser. Vermutlich weiß sie überhaupt nichts über das Down-Syndrom – genauso wenig, wie wir wussten, als wir bei Julianas Geburt von der Diagnose erfuhren. Der Schock nach der Diagnose war natürlich unendlich groß und die Freude über ihre Geburt erst einmal getrübt. Für uns ist damals eine Welt zusammengebrochen. Wir waren davon überzeugt, nie mehr glücklich sein zu können. Wir wussten so gut wie gar nichts über das Down-Syndrom, kannten noch nicht einmal vom Sehen her einen Menschen mit Down-Syndrom und hatten eigentlich nur diese Klischee-Bilder von früher im Kopf. Diese Ängste wurden im Krankenhaus noch verstärkt, als ich um erste Informationen bat und einen alten Pschyrembel erhielt, in dem von mongoloider Idiotie und einer Lebenserwartung zwischen 25 und 40 Jahren die Rede war. Was ich damals dringend gebraucht hätte, waren aktuelle, medizinische Informationen und was ich gerne gesehen hätte, waren schöne Bilder von Kindern mit Down-Syndrom, die schnellstens meine alten Klischee-Bilder ersetzen mussten. Und ich war neugierig auf andere Familien, denen das Gleiche widerfahren war und wie sie damit umgingen.

Die Idee zu diesem Buch entstand aber erst zehn Monate später. Wir waren gerade von unserem ersten Italienurlaub mit Juliana zurückgekehrt und schauten am Kaffeetisch der Mutter meiner Studienfreundin Stephie die vielen Urlaubsfotos an. Irgendwann meinte Stephies Mutter völlig begeistert: „Auf den Fotos sieht man richtig, wie glücklich ihr seid und wie viel Spaß ihr miteinander habt."

Ein Bild sagt mehr als tausend Worte. Schnell konnte ich die Mütter, die in diesem Buch mit ihren Kindern abgebildet sind, für dieses Projekt begeistern. Das Fotografieren war eine riesengroße Gaudi – vor allem für unsere Kleinen, die für jeden Spaß zu haben sind.

Ja, diese Mütter sind mir in den letzten Monaten sehr ans Herz gewachsen – und ihre Kinder erst! Eine bunte Mischung im Hinblick auf beispielsweise Alter (die jüngsten Mütter waren bei der Geburt 21, die älteste 43) oder Beruf (Architektin, Ärztin, Bürokauffrau, Chemikerin, Grafik-Designerin, Hotelfachfrau, ... um nur einige zu nennen). Aber egal wie verschieden wir sind, uns alle verbindet das 47. Chromosom unserer Kinder. Denn nur jemand, der selbst ein Kind mit einem Chromosom mehr sein eigen nennt, kann den Alltag mit einem Kind mit Down-Syndrom, die Gefühle und Gedanken wirklich nachvollziehen. Sei dies der Schock, die Trauer und der Schmerz um das verloren geglaubte Wunschkind und das langsame Verarbeiten nach der Geburt, die Frustration, wenn irgendwas nicht klappen mag oder auch die Freude über einzelne Entwicklungsschritte, die einem manchmal wie ein kleines Wunder vorkommen.

In erster Linie sind unsere Kinder mit Down-Syndrom Kinder. Das Down-Syndrom ist nur eines der Charakteristika unserer Kinder. Ihr Humor, ihre Lebensfreude, ihre Offenheit, ihre direkte Art, ihr Enthusiasmus, ihre Fähigkeit im Augenblick zu leben und ihre bedingungslose Liebe lassen sie strahlen. Emily Perl Kingsley hat einmal gesagt: „Mein Sohn wird niemals ein Auto stehlen, mit Drogen handeln, ein Serienkiller werden, Insiderhandel betreiben oder eine ganze Nation in den Krieg schicken." Aber vielleicht macht ja gerade das eine Chromosom mehr ihre anderen Qualitäten umso bemerkenswerter, denn wir wissen, dass sie für manche Sachen einfach etwas länger brauchen und länger üben müssen. Jede neu erworbene Fähigkeit ist ein Meilenstein, etwas ganz Besonderes und die Freude darüber unsagbar groß.

Auf den nachfolgenden Seiten sind fünfzehn Mütter mit ihren Kindern dargestellt, die aufgrund ihrer Chromosomenzahl eben ein wenig anders sind als gewöhnlich. Für ihre Mütter sind diese Kinder aber mehr als das. Für sie sind sie schlicht außergewöhnlich. Jedes auf seine Weise. Ich denke die Bilder sprechen für sich. Jede Mutter hat dazu ein kleines Essay geschrieben – eine Begebenheit, ein paar Gedanken ..... auf jeden Fall etwas sehr Persönliches.

Allen Betrachtern und Lesern dieses Buches möchte ich zeigen, dass Leben mit einem Kind mit Down-Syndrom keinesfalls bedeutet, weniger Spaß, Glück oder Freude zu empfinden. Vermutlich ist sogar das Gegenteil der Fall. Gewiss, es gibt Schattenseiten, bittere Momente und die ein oder andere Schwierigkeit, die bewältigt werden muss. Aber die positiven Seiten überwiegen bei weitem. Ich denke, da stimmt mir jede der nachfolgend vorgestellten Mütter uneingeschränkt zu. Ihre Kinder eingeschlossen.

Und jetzt wünsche ich einfach viel Spaß mit fünfzehn kleinen (und großen) außergewöhnlichen Persönlichkeiten!

Conny Rapp

Karim und Samuel

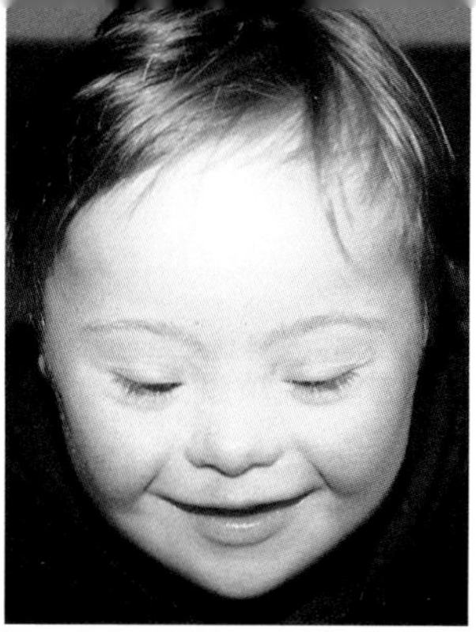

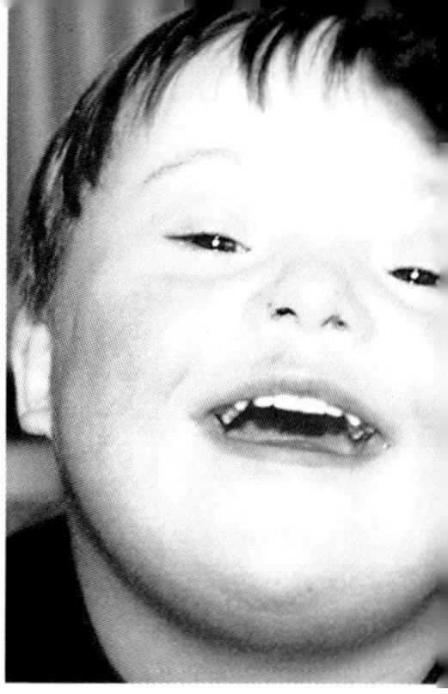

außergewöhnlich stark

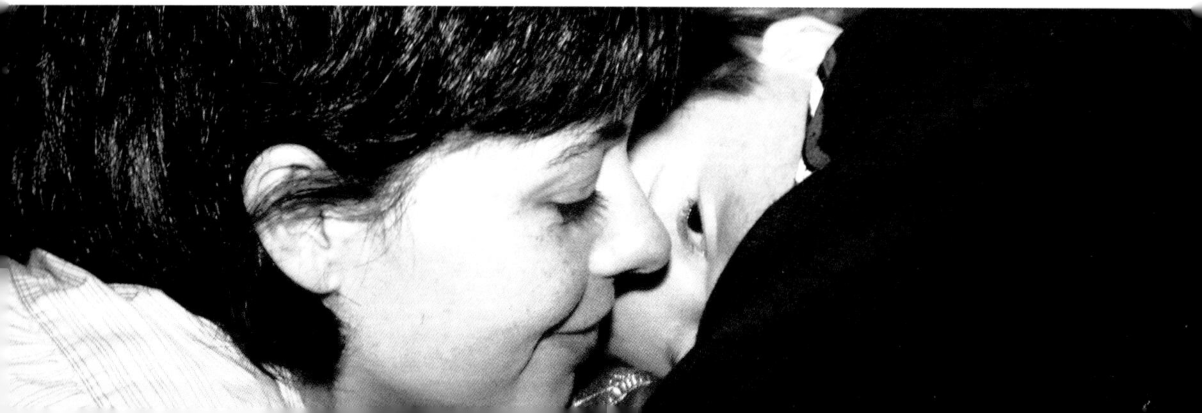

Löwenherz

Nächste Woche kommt er in den Kindergarten. Ich stelle mir vor, wie er mit dem Bus abgeholt wird - seine Kindergartentasche umgehängt - und bestimmt schon auf der Fahrt versuchen wird, sein Frühstücksbrot auszupacken. Appetit hat er immer.

Mit seinen 4 Jahren kann Samuel noch nicht laufen, aber ich habe keinen Zweifel, dass er diesen Schritt zwar viel später als andere Kinder, dafür aber mit der ihm eigenen Selbstverständlichkeit gehen wird. Es scheint jetzt für ihn einfach noch nicht die Zeit zum Laufen zu sein - wo er sich doch problemlos mit halsbrecherischem Tempo und einer unnachahmlichen Technik auf dem Boden durch die Wohnung rollen kann! Samuel kämpft nicht mit großem Tamtam um Dinge, das ist nicht seine Art. Aber mit einer unerschütterlichen Zuversicht und dem Vertrauen auf die eigene Stärke ist er ein großer, stiller Kämpfer.

Mit vier Monaten überstand er eine mehrstündige Herzoperation, die der operierende Professor später als „äußerst unangenehme Operation auf gefährlichem Terrain" beschrieb. Wie ein Monchichi lag unser Sohn dann mit seiner wilden Elvis-Tolle auf der Intensiv-Station, mehr Kabel, Schläuche und Sensoren als Mensch. Vier Wochen später, an einem frostigen Dezemberabend, nahm er schon wieder eng unter meinen Mantel gekuschelt am Sankt-Martins-Umzug teil.

Es folgten drei Augenoperationen in München, bevor der große Kampf begann: Leukämie. Eineinhalb Jahre verbrachten wir Tage, Wochen und Monate mit ihm im Krankenhaus. Für uns war dies der Außenposten der Medizin, es gab keine verlässlichen Strategien oder Medikamente mehr, hier wurde scharf geschossen und man behielt besser den Kopf in Deckung und hoffte, dass es einen nicht erwischte. Aber er tat, als ginge ihn das alles nichts an. Nur in den Tagen, als es ihm wirklich elend ging und er zitternd in meinen Armen die nächste Fieberwelle erwartete, konnte ich seinen Kampf spüren. Als er nach der Intensivtherapie täglich nur noch ambulant versorgt werden musste, sang er beim Eintreffen im Krankenhaus seinen selbst erfundenen Triumphmarsch: nanananaaaa, naaaa, naaaa - hier kommt Samuel Löwenherz.

Jetzt beschränkt er sich auf die Raufereien mit seinem zweijährigen Bruder und der großen Schwester, denn die nächste Herausforderung kommt schon - der Kindergarten.

Petra und Yannik

Von wegen faul

Es gibt viele Vorurteile auf dieser Welt. Manche davon auch über Menschen mit Down Syndrom. Eines sagt, sie seien faul und bequem. Wie wenig dies der Realität entspricht, beweist mein Sohn Yannik jeden Tag aufs Neue.

Schon morgens um sieben Uhr kennt seine Arbeitswut keine Grenzen! Jedem Familienmitglied legt er ein passendes Outfit für den Tag aus dem Schrank, bevor er in der Küche voller Hingabe den Frühstückstisch deckt. Und obwohl wir nur Milch und Cornflakes bräuchten, darf von Eiern über Ketchup bis hin zu Essiggurken auf dem Tisch nichts fehlen, so als wollte er sagen „Mami, jetzt sei doch nicht so knauserig! Du weißt doch, ein guter Tag beginnt mit einem reichhaltigen Frühstück!" Doch dann heißt es schnell losziehen, denn der Kindergarten wartet. Auf dem Weg dorthin zeigt mir Yannik mindestens zehn Gärten, in denen dringend der Rasen gemäht, der Hof gefegt oder Bäume geschnitten werden sollten - was gibt es nur für faule Menschen!

Eine Herausforderung der besonderen Art ist ein Einkaufstrip mit Yannik im Drogeriemarkt. Was gibt es da nicht alles für interessante und nutzvolle Dinge! Ausgerüstet mit seinem eigenen kleinen Einkaufswagen eilt er durch die unterschiedlichen Gänge und sammelt alles ein, was ihm nützlich erscheint. Dabei ist er durchaus wählerisch: er nimmt nur Marken und Produkte mit, die wir zu Hause auch tatsächlich benutzen! Und während dieses Einkaufsbummels erklärt er den übrigen Kunden freundlich und wortreich, für wen er was einlädt und warum.

Im Haushalt ist Yannik eine wahre Perle. Vor allem Geräte mit allerlei Knöpfen und Schaltern sind seine große Leidenschaft. Wer möchte sich schon mit einer Puppenküche begnügen, wenn es da auch die „Erwachsenenversion" gibt! Ob Holzwürstchen und Plastikpommes hier schneller gar werden? Schnell ausprobiert und dann gegessen, Ketchup steht ja noch vom Frühstück auf dem Tisch!

Mit solchen und ähnlichen Abenteuern ist Yanniks Tag voll ausgefüllt. Und dabei gäbe es ja noch so viel zu tun. Abends liegt er müde aber zufrieden in seinem Bett - stolz auf sein Tageswerk - und bestimmt mit reichlich Stoff für mindestens tausend fleißige Träume.

Mir bleiben die „Aufräumarbeiten" von seinem Arbeitseifer, aber ich bin glücklich über mein aktives Kind. Wir meistern heute vieles, was uns früher fremd erschien, und dadurch scheint die Sonne jetzt noch viel heller. Wir haben erkannt, dass der Himmel gerade durch ein paar Wolken noch viel schöner aussieht. Ohne unseren Yannik hätten wir in unserem Leben nicht halb soviel gelacht.

außergewöhnlich

fleißig

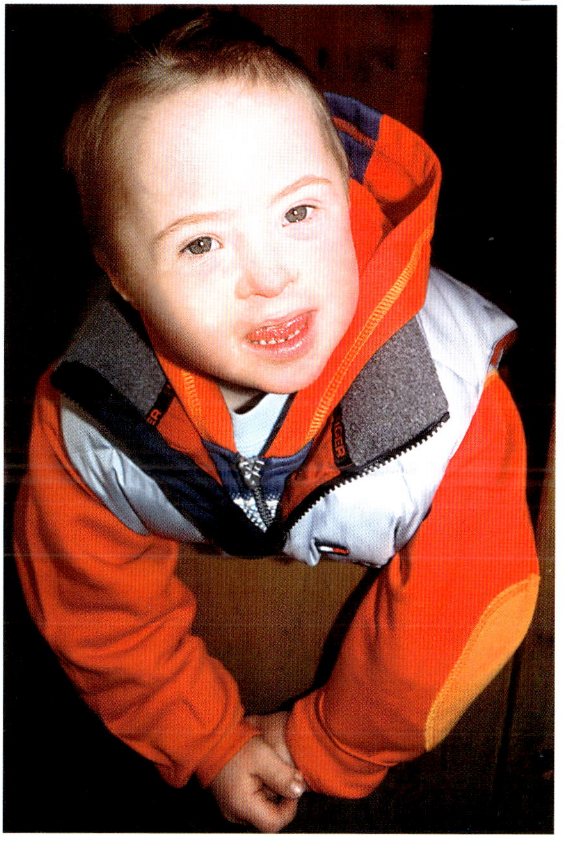

Die Chance

Vom Schock der Diagnose haben sich die einen schneller, die anderen langsamer erholt. In einer Sache sind wir uns aber alle einig, wie ich in vielen Gesprächen feststellen konnte: Wir Mütter sehen die Einzigartigkeit unseres Kindes auch als einzigartige Chance. Die Chance, persönlich zu wachsen, reifer und stärker zu werden. Die Chance herauszufinden, was wirklich wichtig ist. Auf einmal ist man in der Lage, sich auch an ganz kleinen, banalen Anlässen zu freuen. Die Chance zu begreifen, wie unwichtig Äußerlichkeiten sind, denen man früher vielleicht eine sehr hohe Bedeutung beigemessen hat. Die Chance, die entscheidenden Weichen in unserem Leben zu stellen. Die Chance herauszufinden, auf wen man wirklich zählen kann. Die Chance, wunderbare Menschen kennen zu lernen, die man sonst vielleicht nie getroffen hätte. Die Chance, das, was man gelernt und erfahren hat, an andere weiterzugeben. Die Chance zu lernen, ganz im Augenblick zu leben. Und nicht zuletzt die Chance, nicht unsere Augen sehen zu lassen, sondern unsere Herzen. So wie es unsere Kinder uns vormachen.

Christine und Felix

Die Irlandreise

Felix war gerade zwei Jahre alt geworden, als wir unseren Sommerurlaub wieder in Irland, der Heimat meines Mannes Jonathan, verbrachten. Jedes Jahr besuchen wir dort Jonathans Onkel im Krankenhaus.

Als wir eines Nachmittags mal wieder im Krankenhaus waren, habe ich mit Felix draußen auf der Wiese gespielt, während Jonathan bei seinem Onkel war. Irgendwann bemerkte ich einen Mann, der uns schon eine ganze Weile beim Spielen zugesehen hatte. Mein erster Gedanke war: er beobachtet unseren Felix, weil er eben ein bisschen anders ist als die vielen anderen Kinder, die gerade auf der Wiese rumtollten. Als er merkte, dass auch ich ihn ansah, kam er auf einmal zu uns her und kniete sich zu uns auf den Boden. Felix wurde gleich neugierig auf das fremde Gesicht und richtete sich auf. Sofort lächelte er den Mann an, was er wirklich nicht bei jedem Fremden macht. Der Mann hatte sich inzwischen bei mir kurz vorgestellt, nahm Felix freudig auf den Arm, drückte ihn an sich und sagte strahlend: „Was haben Sie für einen hinreißend charmanten Sohn!" Felix und er tobten rum und amüsierten sich beide prächtig. Ich war ganz bewegt, denn das macht er wirklich nicht bei jedem.

Auf einmal bemerkte ich, dass der nette Mann ganz glasige Augen bekam und bevor ich etwas sagen konnte, fing er an: „Wissen Sie, Sie haben ein ganz besonderes Kind. Sie müssen immer zu ihm halten, egal was kommen wird. Er wird Ihnen noch so viel Freude machen." Ich wollte gerade wieder ansetzen, da fuhr er mit noch traurigerer Stimme fort: „Wir hatten auch einen Jungen mit Down-Syndrom, er ist mit zehn Jahren von uns gegangen - Gehirntumor. Wir sind nie darüber hinweg gekommen. Er hat unser Leben auf so vielfältige Weise bereichert und uns die Augen auch für die kleinen, nichtigen Dinge des Lebens geöffnet." Auf einmal lachte er laut auf und seine Augen begannen zu strahlen: „Haben Sie gewusst, dass die spitzovalen Blättchen des Myrtenstrauches einen herrlichen Duft abgeben, wenn man sie zwischen den Fingern zerreibt? Diese Kinder sind was ganz Besonderes - Sie müssen immer zu ihm halten."

Inzwischen kamen mir beinahe die Tränen. Wir unterhielten uns noch eine ganze Weile und tauschten unsere Adressen aus. Wieder in Deutschland angekommen, lag bereits ein Brief von ihm im Briefkasten mit ein paar Fotos von seinem Sohn, als er im gleichen Alter war wie Felix. Und dieser Brief sollte nicht der letzte gewesen sein. Es war vielmehr der Anfang einer andauernden Freundschaft.

außergewöhnlich

charmant

Roswitha und Serge

Hi!

Unser Serge kam ein paar Wochen zu früh auf die Welt. Er hatte von Anfang an eine ganz besondere Ausstrahlung und etwas ganz Liebenswertes an sich, das alle für ihn einnahm. Schon als er noch im Brutkasten lag, lächelte er.

Serge hat es sich scheinbar zur Aufgabe gemacht, seine Mitmenschen fröhlich zu stimmen. Er strahlt eine unbändige Lebensfreude aus und scheint allen davon abgeben zu wollen. Mit seinen fast vier Jahren spricht er zwar noch nicht sonderlich viel. Aber eigentlich braucht er Sprache auch fast gar nicht - sein strahlendes Lächeln und sein liebenswertes Wesen sagen mehr als tausend Worte.

Wie ansteckend Serges Fröhlichkeit ist, zeigte sich neulich bei einem Stadtbummel, als er eine ältere Dame mit einem lauten „Hi!" (diesen coolen Gruß hat er seinem großen Bruder abgeguckt) begrüßte. Völlig überrascht grüßte diese lachend und ebenfalls mit einem „Hi!" zurück - etwas, was sie - da bin ich ziemlich sicher – noch nie in ihrem Leben getan hatte. Tatsache aber ist: Serge begegnen heißt, mindestens einmal am Tag lächeln!

Noch mag sein Wortschatz nicht besonders umfangreich sein, aber Serge weiß sich auch so zu helfen. Wie durchaus charmant er seinen Willen durchsetzen kann, beweist die Geschichte unseres täglichen Tischgebets. Serge ist es, der das Beten einleitet, indem er seine Arme nach links zu seinem Vater und nach rechts zu mir hin streckt. Wir fassen uns an den Händen und ich spreche das Gebet, wobei Serge in seiner eigenen Sprache mitbetet. Wie wichtig ihm dieses Ritual des Tischgebets ist und wie glücklich es ihn macht, zeigt seine Beharrlichkeit in dieser Angelegenheit. Es kann schon mal vorkommen, dass wir vergessen zu beten. Und es kann dann auch sein, dass es Serge einfällt, wenn wir fast mit dem Essen fertig sind. Dann streckt er wie gewohnt seine Arme aus, nickt in unsere Richtung und mit einem aufmunternden „Komm, komm!" wartet er auf unseren Einsatz. Und ich glaube, er würde sehr lange warten, wenn wir nicht anfangen würden zu beten.
Den Abschluss unseres Gebets bildet ein In-die-Hände-Klatschen, was eine Idee von Serge war. Einmal hatte ich wohl einfach keine Lust dazu, doch mein Serge strahlte mich mit seinen großen Augen an und klatschte solange in meine Richtung, bis ich schließlich lächelnd nachgab und seinem Beispiel folgte.

Jeder Tag mit Serge ist ein glücklicher Tag; wir werden morgens mit einem Lachen begrüßt und abends mit einem Lachen verabschiedet.

außergewöhnlich fröhlich

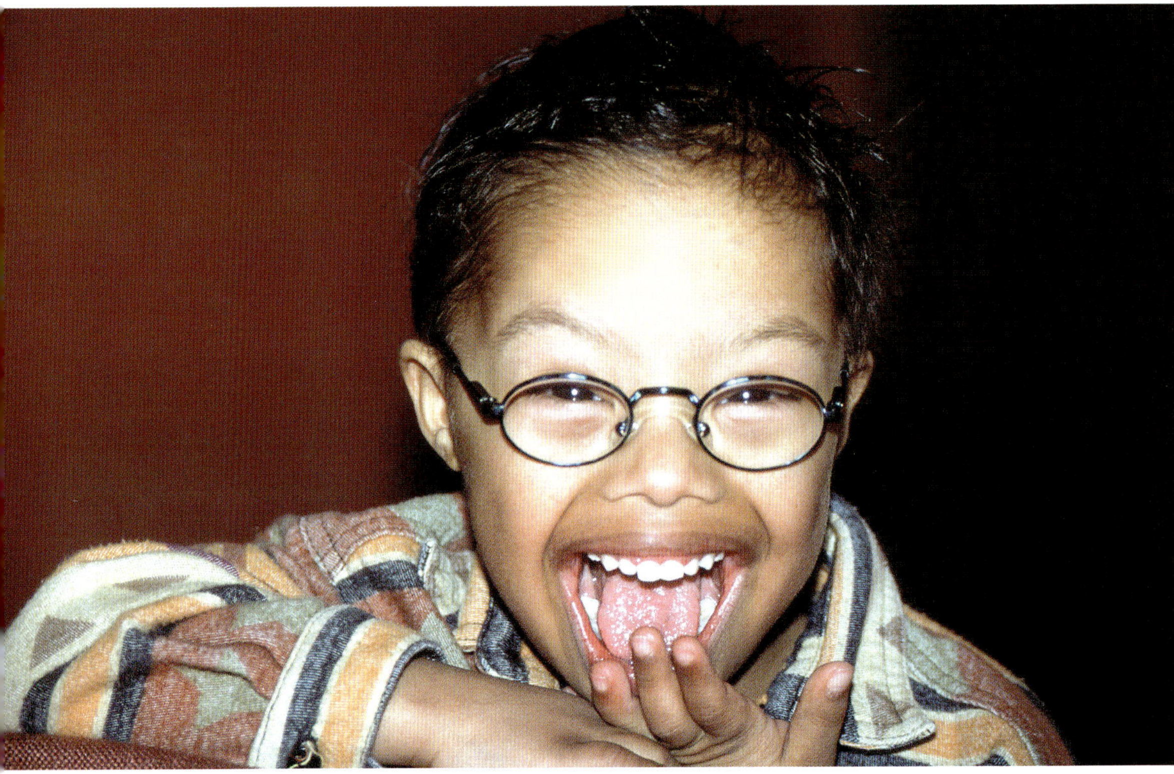

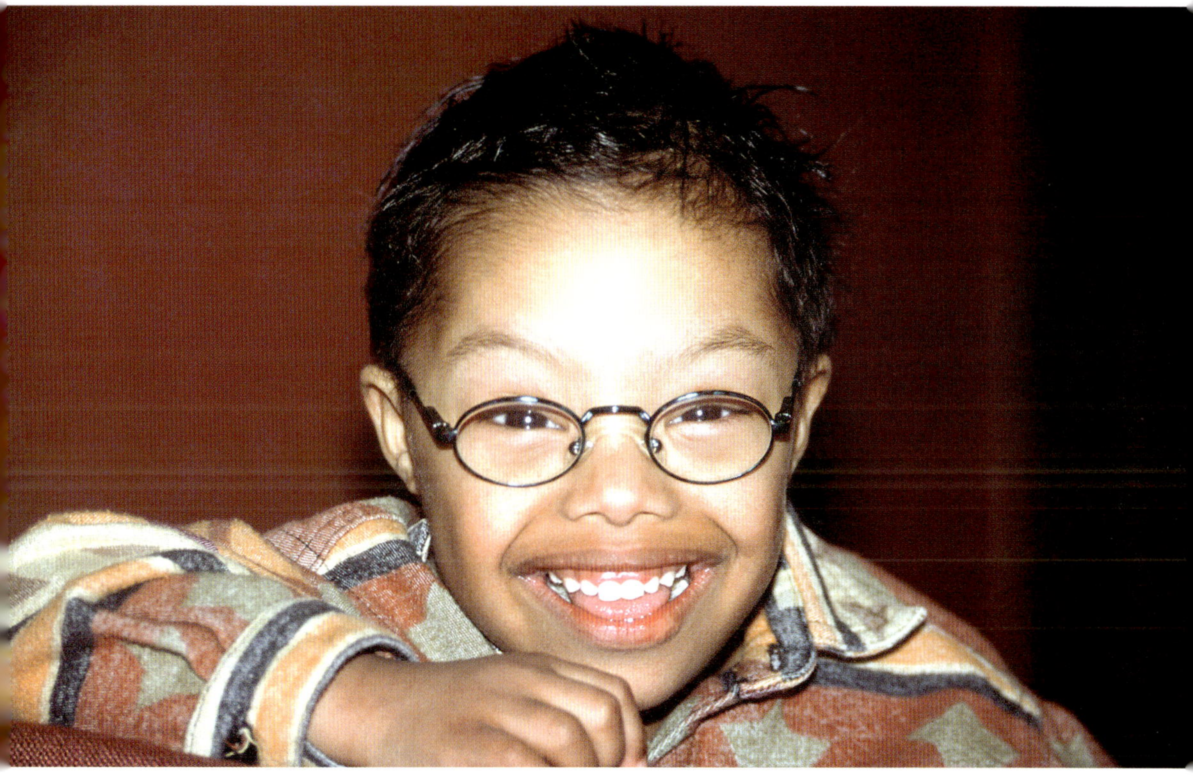

Willkommen in Holland

von Emily Perl Kingsley

Ich werde oft gefragt zu erklären, wie man sich fühlt ein Kind aufzuziehen, das eine Behinderung hat. Um Leuten das Gefühl dieser einzigartigen Beziehung zu erklären, benutze ich gerne eine Parabel. Es ist so ...

Wenn man ein Baby bekommt, ist es so, als ob man sich auf eine fantastische Reise begibt - nach Italien. Man kauft eine Menge an Touristenführern und macht wundervolle Pläne. Das Kolosseum. Den Michaelangelo-David. Die Gondeln in Venedig. Man lernt bestimmt auch ein paar Wörter auf Italienisch. Kurz: es ist eine sehr schöne Zeit. Nach einigen Monaten der schönen Vorbereitung ist endlich der große Tag da. Du packst deine Koffer. Einige Stunden später, das Flugzeug landet. Die Stewardess kommt und sagt „Willkommen in Holland".

„Holland?!?" sagst du. „Was meinen Sie? Ich habe doch einen Urlaub nach Italien gebucht! Ich soll doch in Italien sein. Mein ganzes Leben habe ich davon geträumt nach Italien zu fliegen." Aber da war eine Flugplanänderung. Der Flieger ist in Holland gelandet und du musst da bleiben. Das Wichtigste ist, dass du nicht in einem dreckigen, seuchenverpesteten Land gelandet bist. Es ist nur anders!

Also, jetzt fängst du wieder an und kaufst neue Touristenführer. Du musst jetzt eine völlig neue Sprache lernen. Und du wirst eine total neue Gruppe von Menschen treffen, die du vielleicht niemals kennen gelernt hättest, wenn die Dinge anders wären. Es ist nur ein anderer Ort. Es ist langsamer als Italien, vielleicht nicht so viel Glamour. Aber wenn du eine Zeit lang dort bist, merkst du schnell, dass es auch seine Vorteile hat. Du fängst an, um dich zu schauen: Holland hat wunderschöne Windmühlen, Holland hat Tulpen. Holland hat sogar Rembrandt.

Aber jeder, den du kennst, ist zu beschäftigt, die Schönheit Hollands zu erkennen, denn alle sind auf dem Weg nach Italien. Alle erzählen wie toll es doch in Italien ist und was für eine tolle Zeit der Urlaub doch war. Und - für den Rest deines Lebens wirst du dir sagen: „Ja, das ist der Urlaub, den ich geplant hatte! (Italien) Da wollte ich auch hin!!" Und das Gefühl verletzt zu sein, einen Traum verloren zu haben, wird nie verschwinden. Denn ein großer Traum ist nicht wahr geworden, ein großer Verlust!

Aber wenn du immer und immer wieder den Verlust deines Italienurlaubs beweinst, wirst du niemals die Schönheit Hollands und dessen spezielle Sehenswürdigkeiten sehen, kennen und lieben lernen. Denn Holland ist - genauso wie Italien - eine Erfahrung für sich und den Betrachter.

„Welcome to Holland" von Emily Perl Kingsley ist wahrscheinlich das bekannteste Essay, das je von einer Mutter eines Kindes mit Down-Syndrom über eben dieses Thema geschrieben wurde. Emily Kingsley ist eine der Autorinnen der amerikanischen Sesamstraße. Es ist nicht zuletzt ihr Verdienst, dass seit nunmehr 30 Jahren immer wieder Kinder mit speziellen Bedürfnissen in der Sesamstraße auftreten. Kinder, die genauso sprechen, buchstabieren und spielen können wie andere Kinder. Das mag heutzutage nichts Außergewöhnliches mehr sein – vor 30 Jahren war es aber eben das.

Emily Kingsley ist nicht nur für die Sesamstraße aktiv. Als Mutter eines Kindes mit Down-Syndrom ist sie auch äußerst engagiert und hält immer wieder Vorträge zu diesem Thema oder berät andere Eltern. Die Idee zu „Willkommen in Holland" entstand 1987, als sie einer frischgebackenen Mutter eines Babys mit Down-Syndrom im Krankenhaus Mut zusprach und ihr auf einmal der Vergleich mit Holland einfiel. Ihr Essay wurde inzwischen in viele Sprachen übersetzt und wird weltweit immer gern und häufig abgedruckt. Einmal hat es Eltern, die durch vorgeburtliche Untersuchungen erfahren hatten, dass ihr Kind Down-Syndrom haben wird, so viel Auftrieb gegeben und Mut gemacht, dass sie ihre Tochter Holland Abigail getauft haben und die Wände und Fenster des Kinderzimmers mit Tulpen und Windmühlen bemalt haben.

Emily Kingsleys Sohn Jason wurde 1974 geboren. Damals hatten die Geburtshelfer geraten, allen Freunden und Verwandten zu erzählen, er wäre gleich nach der Geburt gestorben und ihn dann in einem Heim unterzubringen. Die Ärzte meinten auch, er würde wohl niemals seine Eltern erkennen, geschweige denn laufen, sprechen, lesen und schreiben können. Was für ein Schock muss es wohl für diese Experten gewesen sein, zwanzig Jahre später Jasons Buch „Count us in", das er zusammen mit seinem Freund Mitchell Levitz (ebenfalls ein junger Mann mit Down-Syndrom) geschrieben hat, in der Buchhandlung vorzufinden? Apropos Lesen und Schreiben. Jason hat einen High-School-Abschluss, arbeitet in einer Bibliothek und lebt in seiner eigenen Wohnung in der Nähe von New York.

Stephanie und Jakob

ALANA

Ein etwas anderer Alltag

Eine normale und glückliche Schwangerschaft, eine anstrengende und nie enden wollende Geburt und dann der Schock. Anstatt Freude, Traurigkeit und Wut. Anstatt Zuversicht, Unsicherheit. Und dann die Bilder und Klischees im Kopf, was soll das für ein Leben werden mit diesem Kind. Die „normale" Babyliteratur und die „normalen" Babythemen verlieren an Bedeutung, es ist erst mal alles anders und es bleibt ein Stück auch alles anders.

Ich beneide die anderen Eltern manchmal. Nicht um ihre „normalen" Kinder, sondern um ihren „normaleren" und einfacheren Alltag. Es fehlt einfach die Leichtigkeit, die man oft bei anderen Eltern im Umgang mit ihren Kindern beobachten kann. Wir brauchen oft soviel Energie, Zeit und Kraft für Dinge, die für andere selbstverständlich sind. Mein Mann Stefan und ich kamen sehr schnell zu der Überzeugung, dass wir Jakob alles zutrauen und ihm keine Grenzen und Schranken in seiner Entwicklung setzen wollen. Und vor allem auch in unserem Kopf sollten diese Schranken und Grenzen gar nicht erst entstehen.

Ich betrachte das Down-Syndrom mittlerweile auch als Chance. Man wird dazu gezwungen, das Leben aus einem neuen und anderen Blickwinkel zu betrachten. Man beschäftigt sich mit anderen Themen, die bisher keine Rolle gespielt haben und gewinnt dadurch neue Erkenntnisse. Außerdem knüpft man Kontakte zu Menschen, die man sonst nie kennen gelernt hätte und die einem mit der Zeit sehr wertvoll geworden sind und die man nicht mehr missen möchte.

Jakob ist ein besonderes Kind, nicht weil er Down-Syndrom hat, sondern weil er unser Kind ist, mit all seinen Eigenheiten, Ecken und Kanten. Der Alltag ist mit ihm für alle Beteiligten oft sehr anstrengend. Jakob macht es sich selbst und uns oft nicht leicht. Er ist – und das hat sicher nur wenig mit dem Down-Syndrom zu tun – ein sehr schwieriger Charakter. Auf der anderen Seite ist Jakob aus heiterem Himmel oft einfach umwerfend mit seinem Charme (Zitat einer Therapeutin: „Jetzt verstreut Jakob wieder seine Charmebomben."), seiner Begeisterungsfähigkeit und seiner Spontaneität.

Wenn man ihn dabei beobachtet, wie er seine derzeitige Lieblingsmusik "Die kleine Raupe Nimmersatt" und das Musical vom "Maulwurf, der wissen wollte, wer ihm auf den Kopf gemacht hat" hört, singt, tanzt und mit seinem Hüpfpferd "Rudi" dazu reitet, verliebt man sich jedes Mal von neuem in ihn. Und wenn er mich nach einem heftigen Streit auf das Angebot „Sind wir wieder gut?" hin umarmt und küsst und sagt „Mama gut", dann kann man ihm einfach nicht mehr böse sein. Oder wenn er plötzlich nach dem Essen unaufgefordert die Teller und das Besteck zusammenstellt und abräumt. Oder wenn er sich in der Wilhelma auf ein Pony setzt und losreitet, als hätte er noch nie etwas anderes gemacht. Dann steht man da mit Staunen im Gesicht und weiß, man hat das tollste Kind der ganzen Welt.

aubergewöhnlich

begeisterungsfähig

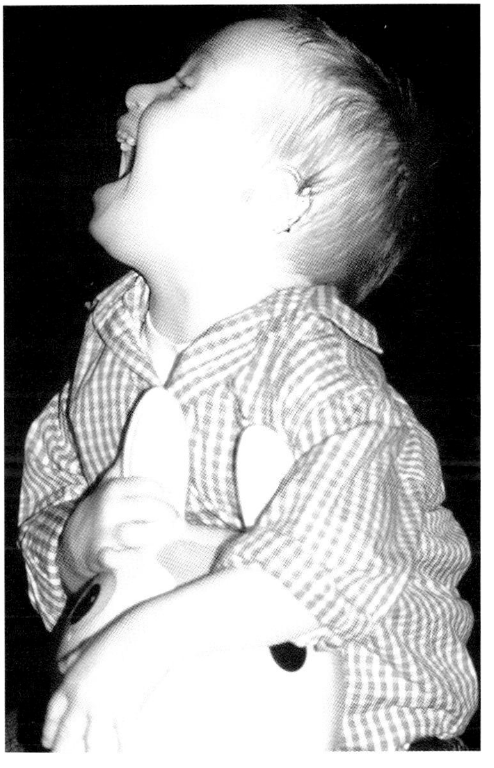

Anja und Felix

außergewöhnlich
lebenslustig

Ansichtssache

Zugegeben, vor etwa dreieinhalb Jahren - kurz nach der Geburt von Felix - malte ich mir die Zukunft fast ausschließlich negativ aus. Was wird er alles nicht können? Wie wird er aussehen? Tja, das war wie gesagt vor einigen Jahren - heute sehe ich das alles ganz anders. Felix hat sich beeindruckend entwickelt und das in jeder Hinsicht. Er liebt es, bei uns im Ort in den "normalen" Kindergarten zu gehen und hat dort jede Menge Freunde. Die Kinder dort sehen in ihm einen liebenswerten, kleinen Jungen, der bei allen Aktivitäten mit großem Enthusiasmus mitmacht. Das Down-Syndrom ist völlig unwichtig.

Es ist schön zu sehen, wie viel Spaß und Freude Felix hat. Egal ob beim Füttern der Kühe und Hühner auf dem Bauernhof gegenüber, beim Gitarre spielen zuhause oder beim Nachspielen des Stuhlkreises seines Kindergartens mit den Puppen. Und seine Freude und Lebenslust sind so richtig ansteckend.

Es fasziniert mich immer wieder zu sehen, mit wie viel Ausdauer Felix versucht, etwas zu erreichen. Der Platz reicht nicht aus, um die vielen schönen Augenblicke mit meinem Sohn zu beschreiben. Natürlich kostet mich Felix manchmal auch einiges an Energie. Er hat halt seinen eigenen Kopf und bestimmt das Tempo. Aber ist das nicht bei jedem Kind so? Ein Kuss, eine dicke Umarmung – und schon ist aller Unmut wieder verflogen.

Als ich am Anfang mit Felix spazieren oder einkaufen war, dachte ich immer, die Leute schauen bestimmt nur wegen des Down-Syndroms. Heute freut es mich, wenn die Leute schauen, denn ich bin ganz arg stolz auf meinen Sohn. Für mich ist Felix der hübscheste Junge auf der Welt. Vielleicht schauen sie ja auch gar nicht wegen des Down-Syndroms, sondern einfach weil sie erkennen, was er ist: ein fröhlicher, aufgeweckter, kleiner Junge.

Wussten Sie beispielsweise,

- dass der Begriff "Down-Syndrom" auf den Namen des Mannes – nämlich Dr. John Langdon Haydon Down - zurückgeht, der die typischen Merkmale des Syndroms als erster (im Jahre 1866) wissenschaftlich beschrieben hat? Es hat nichts damit zu tun, dass die Menschen mit diesem Syndrom "down" (engl. für unten/deprimiert/depressiv) sind. Meist ist sogar das Gegenteil der Fall.

- dass der Begriff "Mongolismus" bzw. "mongoloid" nicht mehr zeitgemäß ist und außerdem irreführend und diskriminierend?

- dass Down-Syndrom auch Trisomie 21 genannt wird?
  Im Jahr 1959 erkannte der Franzose Jérome Lejeune, dass bei Menschen mit Down-Syndrom in jeder Zelle 47 Chromosomen statt üblicherweise 46 vorhanden sind, weil das Chromosom Nr. 21 dreimal statt zweimal vorhanden ist. Daher spricht man auch von einer Trisomie 21.

- dass in Deutschland ca. 50.000 Menschen mit Down-Syndrom leben und in den USA ca. 350.000?

- dass das Down-Syndrom keine Krankheit ist, sondern eine Genveränderung? Es ist auch nicht ansteckend und Menschen mit einer Trisomie 21 "leiden" auch nicht am Down-Syndrom und haben keine Schmerzen.

- dass Kinder mit Down-Syndrom sehr lernfähig sind?
  Jedenfalls wenn man ihnen die Möglichkeit dazu gibt. Die körperliche, motorische Entwicklung, wie auch die geistige, sprachliche Entwicklung ist meist langsamer als bei anderen Kindern. Sie kann durch medizinische Vorsorge und therapeutischen Maßnahmen wie Physiotherapie, Frühförderung und Sprachtherapie (Logopädie) gefördert werden.

- dass das Down- Syndrom zufällig entsteht und in allen Altersgruppen, Gesellschaftsschichten sowie Kulturen vorkommt?

- dass unter ca. 660 geborenen Kindern ein Kind mit Down-Syndrom ist und in Deutschland jedes Jahr ca. 1200 Babys mit Down-Syndrom geboren werden?

- dass Dr. John Langdon Haydon Down selbst ein Enkelkind mit Down-Syndrom hatte?

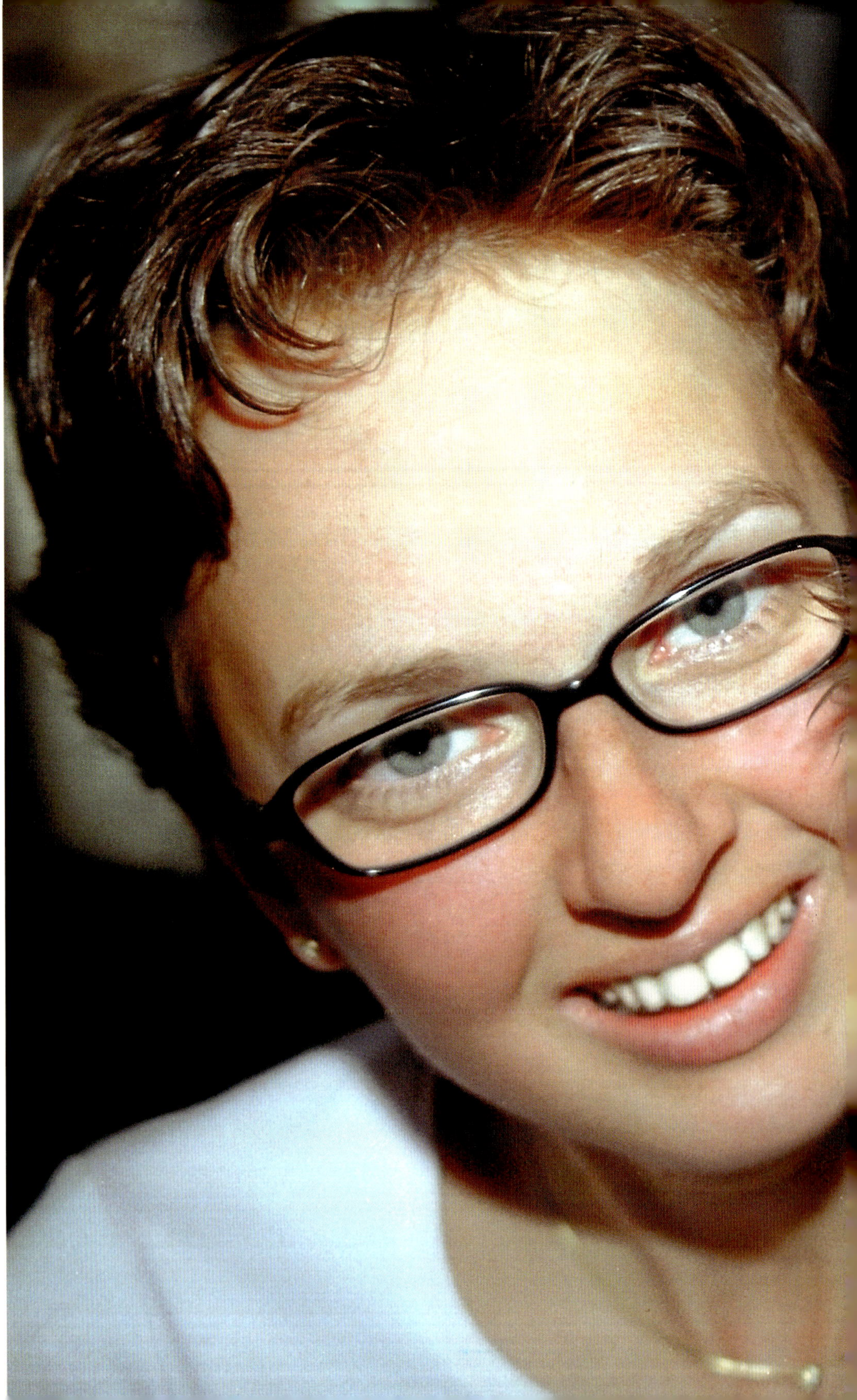

Maren und Tim

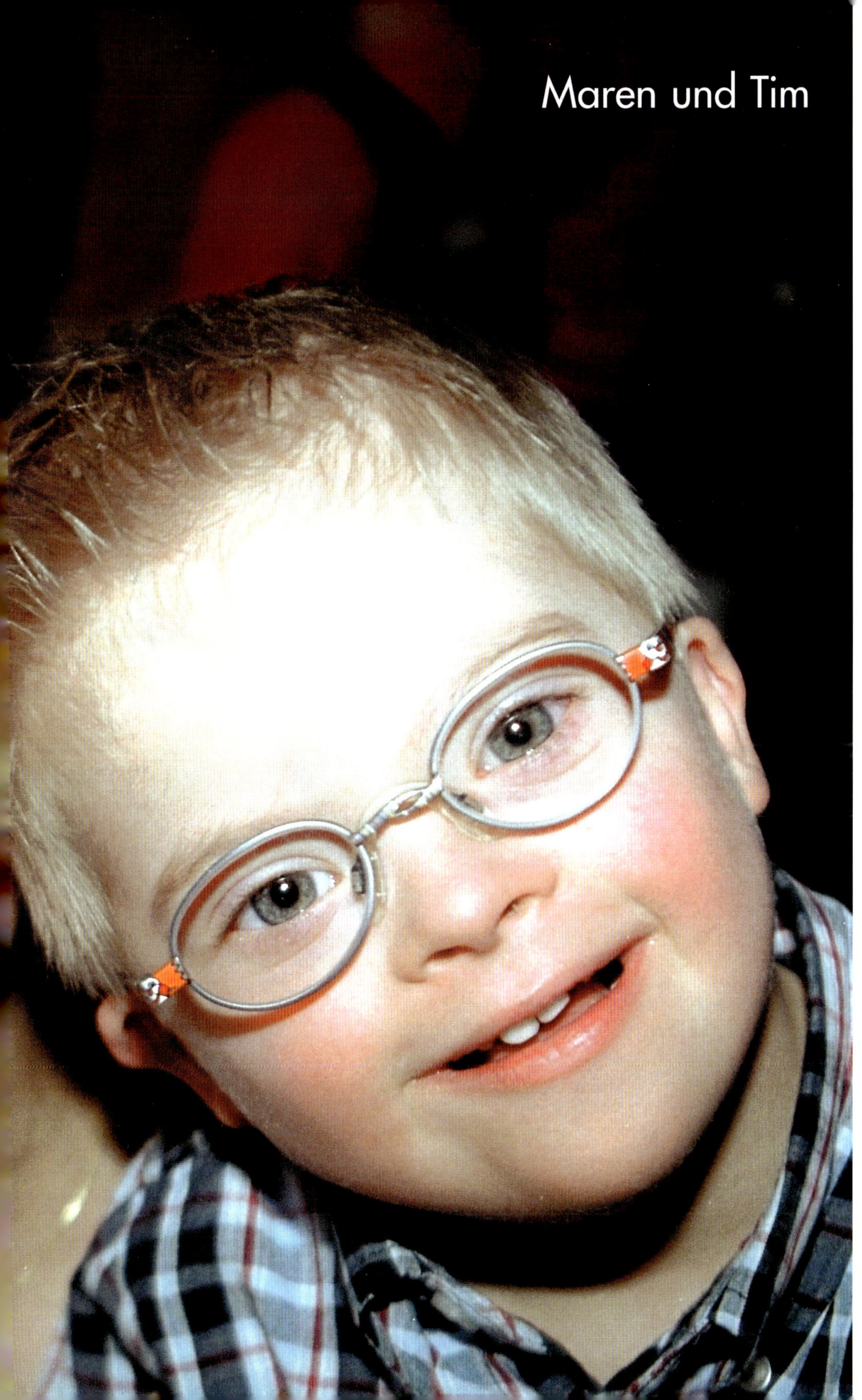

außergewöhnlich feinfühlig

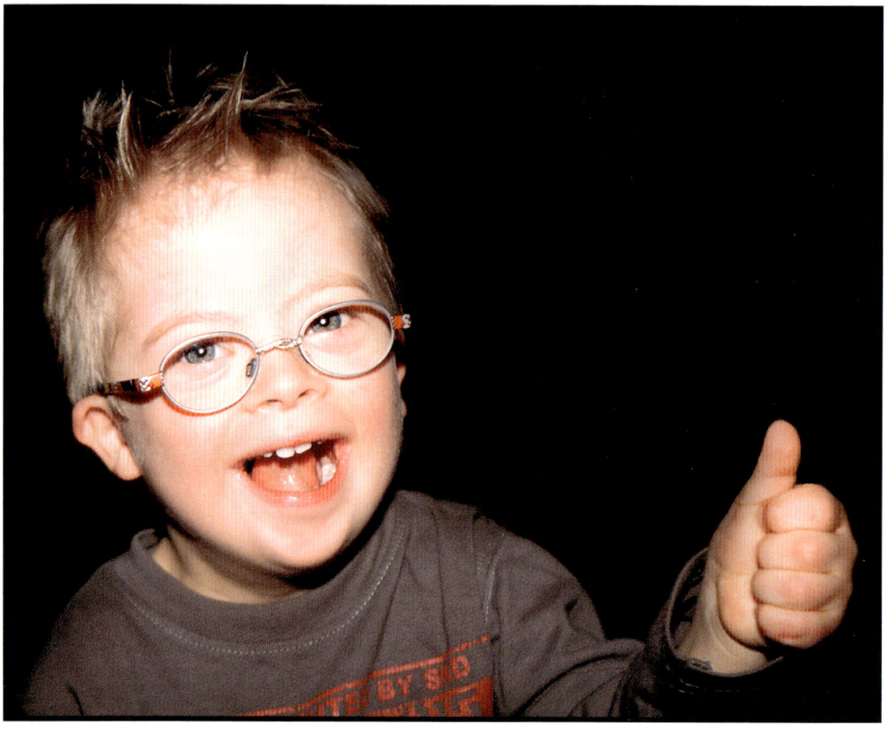

Mein lieber Tim!

Es war ein unbeschreibliches Gefühl, als ich dich vor vier Jahren das erste Mal in meinen Armen halten durfte. Welch Wunder war geschehen! Doch mein wunderbares Glücksgefühl wurde jäh zerstört, als mir irgendwelche Ärzte, von denen ich heute nicht einmal mehr die Namen weiß, vier Stunden nach deiner Geburt in einem winzig kleinen Kämmerchen irgendwelche Diagnosen an den Kopf warfen. Dein Papa war gerade nach Hause gegangen und ich wusste gar nicht, wie mir geschah. Ich hörte nur noch Dinge wie "Chromosomenfehler" und "so liebe Kinder".

In diesen Minuten des unsagbaren Schmerzes, hätte ich mir nie vorstellen können, dass ausgerechnet du es sein würdest, der uns aus diesem schwarzen Loch wieder heraushelfen würde, der uns soviel Kraft geben würde und uns zeigen würde, wie man kämpft. Zunächst war es dein Papa, der mir ein Streichholz reichte, um ein wenig Licht zu machen. Er schaute mir tief in die Augen und sagte einfach: „Er ist unser Timilein. Wir werden ihn genauso lieb haben."

Und dann haben sie dich einfach mitgenommen in solch ein kaltes, unbarmherziges Kinderkrankenhaus. Verzeih, mein Sohn, dass ich damals noch nicht die Kraft hatte, dir dies zu ersparen. Du hättest beschützt werden müssen, und dabei warst du es, der uns vom ersten Moment an soviel Kraft und Zuversicht vermittelt hat. Wie kann ein solch kleines Wesen, angeschlossen an Schläuche und Maschinen, nur schon solch ein feines Gespür besitzen, dass es weiß, meine Mami braucht ein Zeichen, damit sie erkennt: Ich liebe und brauche sie! Hast du einen besonderen Draht zum lieben Gott, mein Sohn? Wie sonst hätte ich diesen Traum haben dürfen: Du liegst in deinem Krankenhausbettchen ganz nackt und allein - wie das Jesuskind in seiner Krippe. Der ganze Raum ist schwarz, nur auf dich fällt ein gleißend helles Licht, das ich nie zuvor gesehen hatte. Und du lachst! Du lachst mich an! Dieses Licht und dein Lachen drückten soviel Liebe und Wärme aus. Da wusste ich: Du bist etwas ganz Besonderes! Du bist außergewöhnlich!

Diese Feinfühligkeit wirst du hoffentlich nie verlieren, mein Sohn. Bewahre sie in dir, wie einen wertvollen Schatz. Diese Gabe ist nicht vielen Menschen vergönnt. Du weißt sofort, ob es jemand gut mit dir meint. Du merkst gleich, ob dein Gegenüber mit dir lachen oder weinen möchte. Du bemerkst jeden Vogel im Gebüsch oder in der Luft. Du trittst auf keine Ameise, die dir auf deinem Weg begegnet. Du vergisst beim Gießen kein Blümchen. Du machst aus den größten Rabauken im Kindergarten ganz andere Kinder: Plötzlich werden sie ruhig und rücksichtsvoll. Du machst einfach alle fröhlich. Du bist wahrlich ein Sonnenschein! Ich bin so stolz auf dich, ich liebe dich!

Und da ist es wieder, dieses nicht zu beschreibende Glücksgefühl, wenn du deine Ärmchen um meinen Hals schlingst und sagst: „Mami liiiiieb! Ganz feste drücken!" Danke für diese Liebe! Danke, kleiner Tim, dass es dich gibt!

Deine Mami

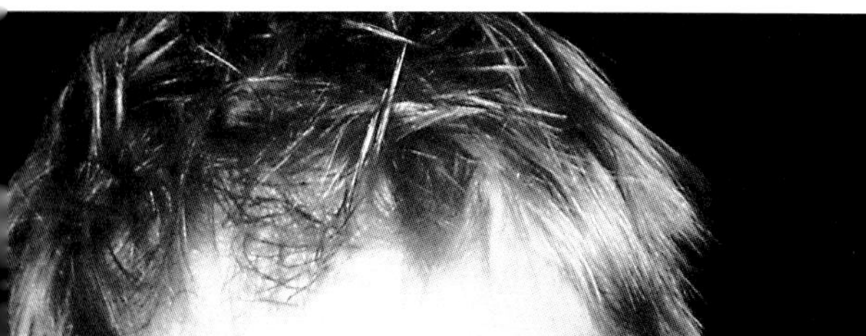

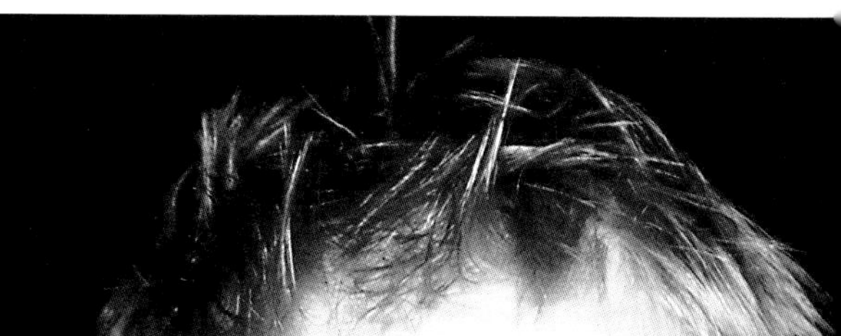

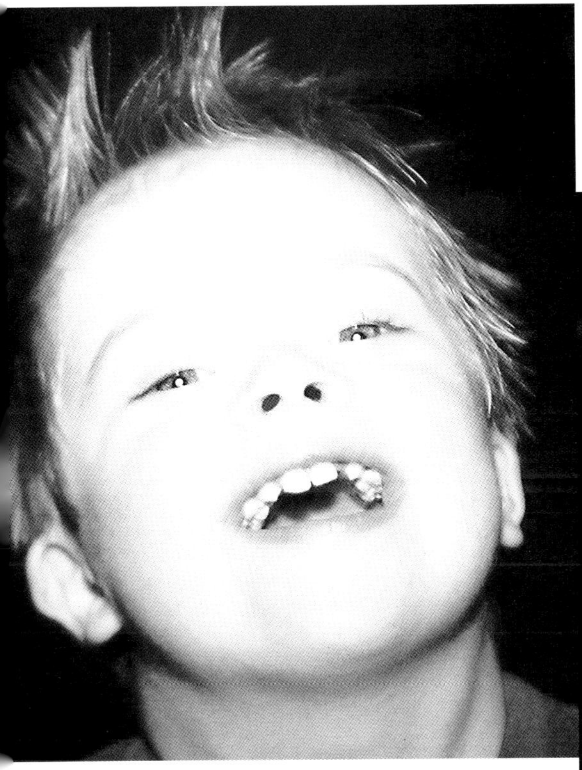

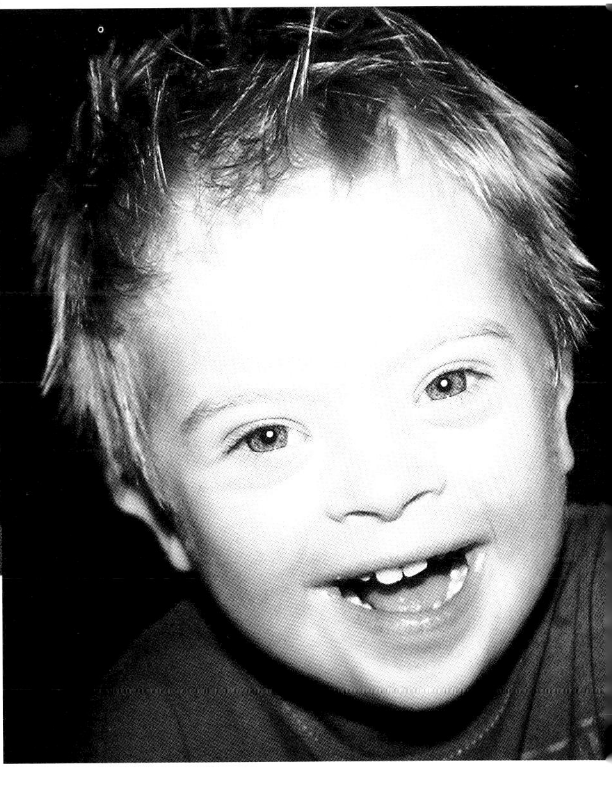

Ulrike und Sophia

außergewöhnlich

hilfsbereit

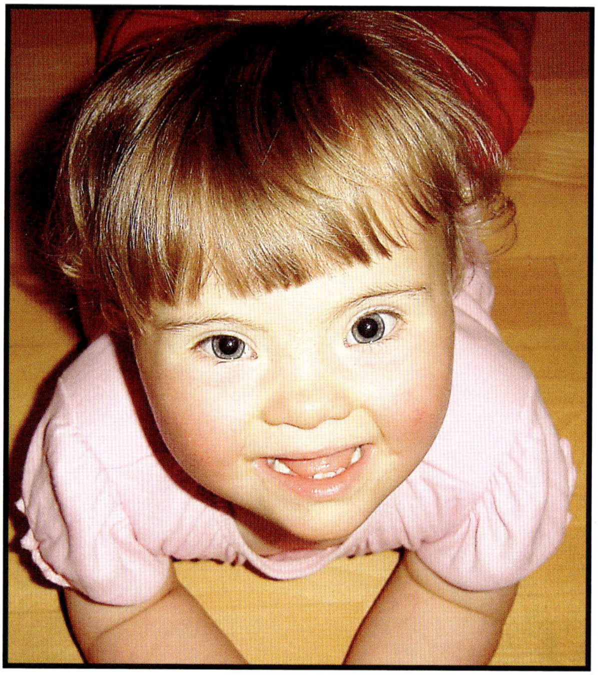

Kleiner Lehrer

Eines vorab: Natürlich sind auch wir erst einmal in ein Loch gefallen, als uns die Diagnose "Down-Syndrom" überrascht hat. Man geht eben davon aus, dass schon "alles glatt gehen" wird. Und wenn es dann nicht so ist, befällt einen erst einmal eine große Trauer. Schließlich hat einen ja niemand darauf vorbereitet, ein behindertes Kind zur Welt zu bringen. Kein Kurs während der Schwangerschaft behandelt so ein Thema. Aber sei es drum, Sophia hat uns einfach beigebracht, was wir wissen müssen. Auf ihre Art. Und seit wir - nach der Geburt unseres Sohnes Johannes - zu viert sind, hat sie ihren Unterricht sogar noch ausgedehnt.

Johannes kam zur Welt, als Sophia 21 Monate alt war. Damals befand sie sich noch in der Krabbelphase. Von Laufen oder gar Sprechen noch keine Spur. Ich hatte damals schon meine Bedenken, ob ich das mit zwei kleinen Rackern hinbekommen würde. Aber Sophia hat einfach mitgeholfen. Johannes fing zum Beispiel mit etwa sieben Monaten an, sich auf die Seite zu drehen. Mit dem Umdrehen klappte es aber noch nicht gleich. Eines Tages - Johannes übte mal wieder und beschwerte sich über die Schwierigkeiten - krabbelte Sophia einfach zu ihm hin, drehte ihn um und begann, sich in der Babysprache mit ihm zu unterhalten. Sie wollte ihn wohl aufmuntern und ihm zeigen, dass Rumdrehen ja so schwer nicht sein konnte. Als Johannes das Drehen wenig später erstmals allein schaffte, war es Sophia, die ihm durch lautes Klatschen spontan dazu gratulierte. Tja, da denkt man, dass ein zweites Kind ja vor allem dem ersten mit der Besonderheit helfen würde. Und dann so was. Mittlerweile ist Sophia ein sehr guter Babysitter-Ersatz geworden. Sie reicht Johannes Spielzeug oder gibt ihm den Schnuller.

Natürlich wird Johannes Sophia bald überholt haben. Aber dann wird Sophia halt vom Lehrer zur Schülerin. Zu unserer Familie gehören sie beide. So oder so.

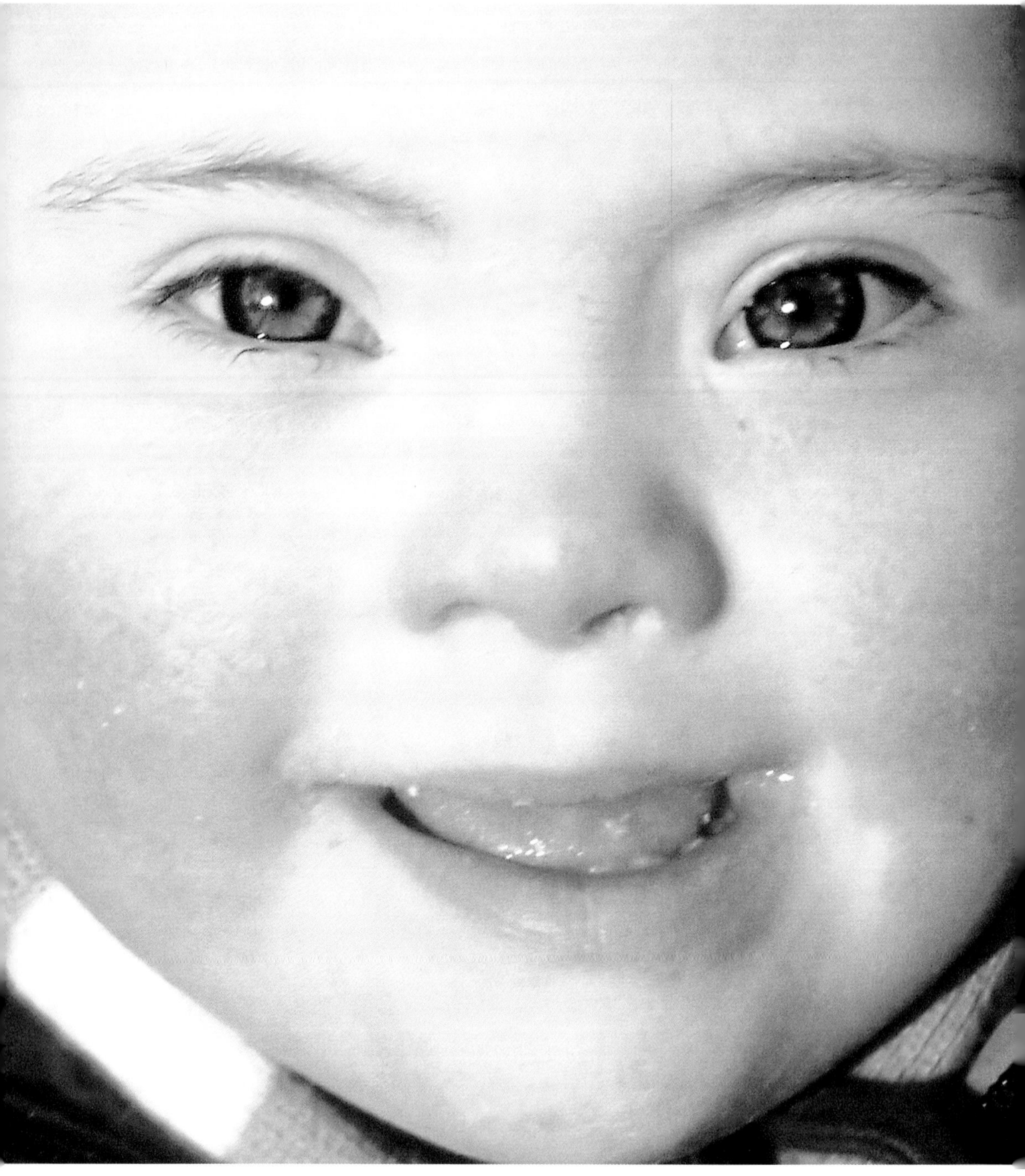

Die Spezialmutter

von Erma Bombeck

Die meisten Frauen werden durch Zufall Mutter, manche freiwillig, einige unter gesellschaftlichem Druck und ein paar aus reiner Gewohnheit. Dieses Jahr werden 100 000 Frauen Mütter von Kindern mit einer Behinderung.

Haben Sie sich schon einmal Gedanken darüber gemacht, nach welchen Gesichtspunkten die Mütter dieser Kinder ausgewählt werden?

Ich stelle mir Gott vor, wie er über der Erde schwebt und sich die Werkzeuge der Arterhaltung mit größter Sorgfalt und Überlegung aussucht. Er beobachtet genau und diktiert dann seinen Engeln Anweisungen ins riesige Hauptbuch.

„Neumann, Lisa: Sohn. Schutzheiliger: Matthias. Förster, Ute: Tochter. Schutzheilige: Cäcilie. Bollmann, Karola: Zwillinge. Schutzheiliger? Gebt ihr Gerhard, der ist es gewohnt, dass geflucht wird."

Schließlich nennt er dem Engel einen Namen und sagt lächelnd: „Ihr gebe ich ein Kind mit einer Behinderung." Der Engel wird neugierig: „Warum gerade ihr, o Herr? Sie ist doch so glücklich."

„Eben deswegen", sagt Gott lächelnd. „Kann ich einem behinderten Kind eine Mutter geben, die das Lachen nicht kennt? Das wäre grausam."

„Aber hat sie denn die nötige Geduld?" fragt der Engel.

„Ich will nicht, dass sie zuviel Geduld hat, sonst ertrinkt sie in einem Meer von Selbstmitleid und Verzweiflung. Wenn der anfängliche Schock und Zorn erst abgeklungen sind, wird sie es tadellos schaffen. Ich habe sie heute beobachtet. Sie hat den Sinn für Selbständigkeit und Unabhängigkeit, die bei Müttern so selten und so nötig sind. Verstehst du: das Kind, das ich ihr schenken werde, wird in seiner eigenen Welt leben. Und sie muss es zwingen, in der ihren zu leben, das wird nicht leicht werden."

„Aber, Herr, soviel ich weiß, glaubt sie nicht einmal an dich."

Gott lächelt. „Das macht nichts, das bringe ich schon in Ordnung. Nein, sie ist hervorragend geeignet. Sie hat genügend Egoismus."

Der Engel ringt nach Luft. „Egoismus? Ist das denn eine Tugend?"

Gott nickt. „Wenn sie sich nicht gelegentlich von dem Kind trennen kann, wird sie das alles nicht überstehen. Diese Frau ist es, die ich mit einem Kind beschenken werde, das besondere Hilfe braucht. Sie weiß es zwar noch nicht, aber sie ist zu beneiden. Nie wird sie ein gesprochenes Wort als etwas Selbstverständliches hinnehmen. Nie einen Schritt als etwas Alltägliches. Wenn ihr Kind zum ersten Mal Mama sagt, wird ihr klar sein, dass sie ein Wunder erlebt. Wenn sie ihrem blinden Kind einen Baum, einen Sonnenuntergang schildert, wird sie ihn so sehen, wie nur wenige Menschen meine Schöpfung sehen.

Ich werde ihr erlauben, alles deutlich zu erkennen, was auch ich erkenne - Unwissenheit, Grausamkeit, Vorurteile -, und ich werde ihr erlauben, sich darüber zu erheben. Sie wird niemals allein sein. Ich werde bei ihr sein, jeden Tag ihres Lebens, jede einzelne Minute, weil sie meine Arbeit eben so sicher tut, als sei sie hier neben mir."

„Und was bekommt sie für einen Schutzheiligen?" fragt der Engel mit gezückter Feder.

Da lächelt Gott. „Ein Spiegel wird genügen."

Bearbeitet mit freundlicher Genehmigung des Gustav Lübbe Verlag, Bergisch Gladbach,
nach Erma Bombeck "Vier Hände und ein Herz voll Liebe"

Ana-Cristine und Lukas

Schon viel erlebt

Unser Lukas hat mit seinen 17 Monaten schon mehr erlebt als manch einer mit 70 Jahren. Das fing schon bei seiner Geburt an. Mein Sohn hatte es wohl ziemlich eilig gehabt und so kam er sieben Wochen zu früh mit gerade mal 2145 g und 44 cm Länge auf die Welt. Dies sollte aber nicht die einzige Überraschung an diesem Tag bleiben. Zwei Stunden nach seiner Geburt erhielten wir die Diagnose: Trisomie 21 und dazu eine Chonalatresie - das bedeutet die Öffnung zwischen Nase und Rachen war bei Lukas verschlossen. Doch damit nicht genug. Sie mussten ihn mir erst mal wegnehmen und ins Kinderkrankenhaus verlegen, weil er sofort operiert werden musste. Gerade mal zwei Tage alt, hatte man ihm hässliche, türkisfarbene Kunststoffröhrchen in die Nase gelegt. Er hat mir so Leid getan, dieser arme kleine Wurm, total verkabelt mit Platzhalter in der Nase.

Vier Wochen später hat man dann noch eine Neugeborenengelbsucht, Darminfektion und mehrere Herzfehler (VSD, ASD, Aortenbogenstenose - man wird in der Zeit fast selbst zum Mediziner) festgestellt. Mein gesamtes Wunschbild, das ich damals als 21-jährige für unser künftiges Leben zu dritt hatte, war erstmal zum Einsturz gebracht worden.

Insbesondere die Aortenbogenstenose musste dringend operiert werden, da Lukas' untere Körperhälfte nicht mehr richtig durchblutet wurde. Glücklicherweise konnten wir die Intensivstation bereits fünf Tage nach der Operation verlassen. Man stelle sich das einmal vor: Mein Sohn war einen Monat alt und hatte noch keine frische Luft geatmet.

Nach dreieinhalb Monaten haben wir das Krankenhaus zu dritt verlassen. Jetzt konnten wir endlich eine kleine Familie sein. Wir konnten endlich mit Lukas ungestört kuscheln und schmusen - Lukas war endlich unser Baby. Natürlich folgten noch weitere Besuche im Krankenhaus. Mit sieben Monaten wurde Lukas erneut am offenen Herzen operiert und mit elf Monaten wurden die Röhrchen entfernt. Beide Male hieß es für uns Eltern bangen, dass alles glatt geht. Dass Lukas die Operation gut übersteht und dass die Nase auch „offen“ bleibt.

Mit dem Entfernen der Röhrchen begann bei uns die „Normalität“. Im Laufe der vierzehn Operationen und Vollnarkosen hat uns Lukas eindrucksvoll gezeigt, was für ein tapferer Kerl er ist. Trotz all der Beeinträchtigungen hat sich Lukas bis heute prächtig entwickelt und lässt sich nicht unterkriegen. Aber was viel wichtiger ist: er ist ein glücklicher, lieber Fratz - mit Eltern, die mächtig stolz auf ihren süßen, tapferen Jungen sind.

außergewöhnlich tapfer

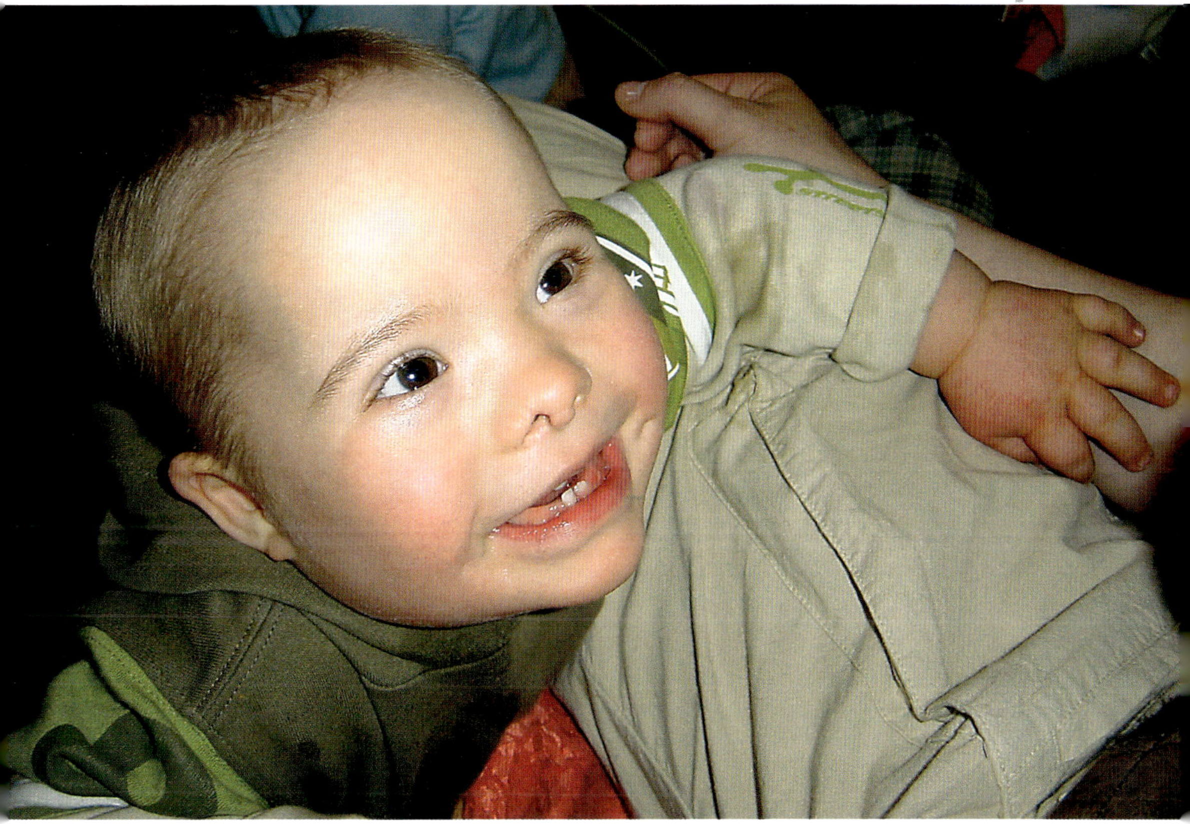

Ulrike und Marina

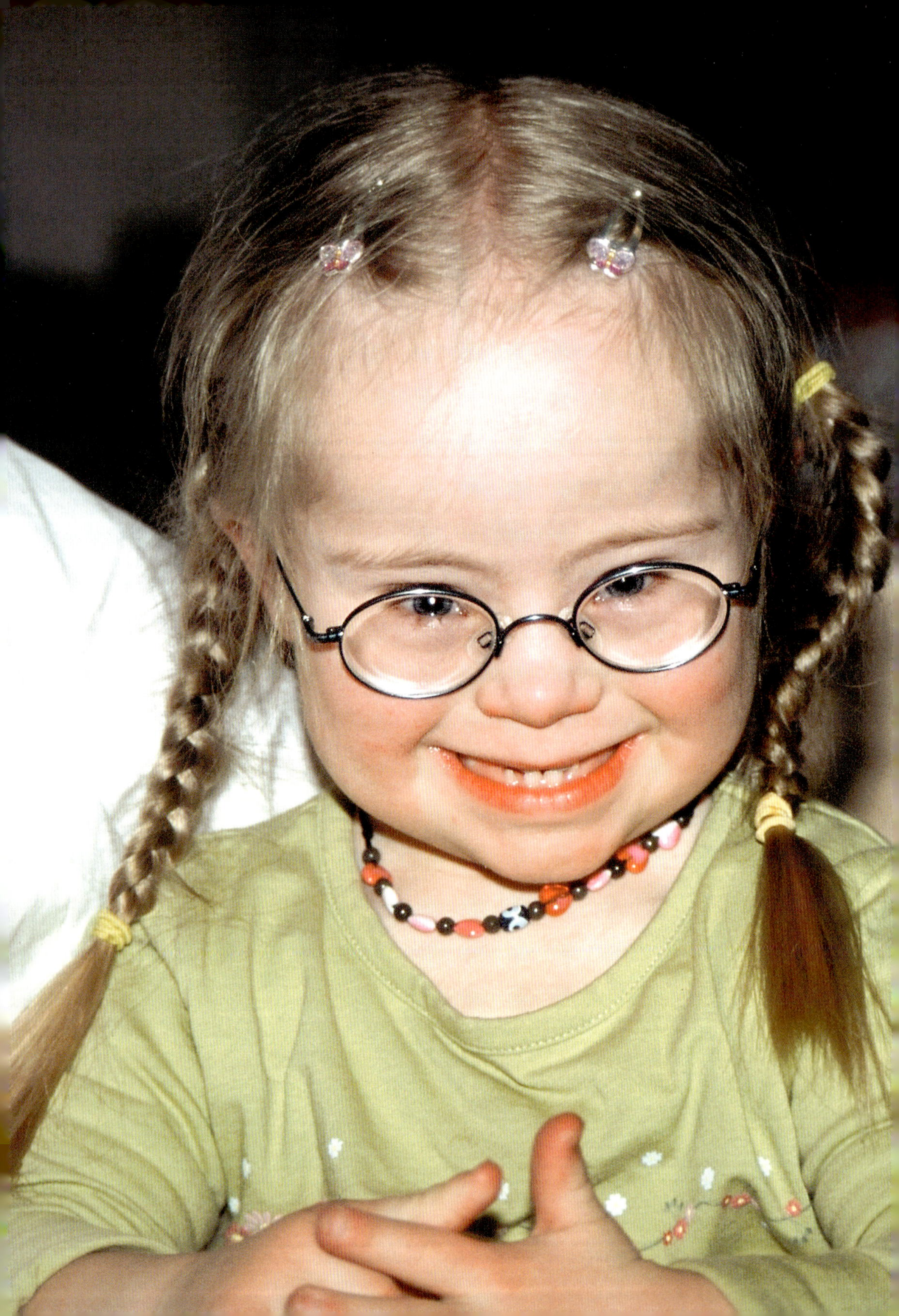

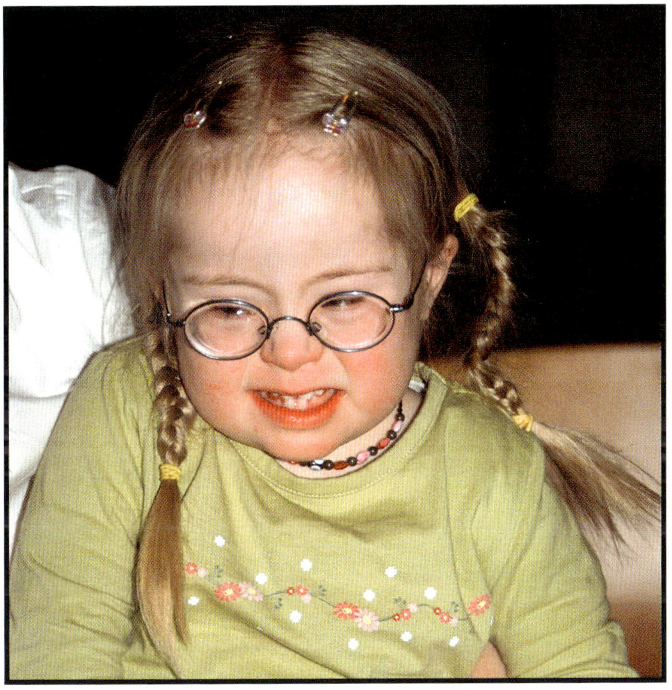

Bei McDonald's

Manchmal gehen meine Freundin und ich mit unseren Kindern mittags zu McDonald's, so auch vor ein paar Tagen. Die Kleinen lieben ihre Pommes mit Ketchup und die Hamburger, ist es doch eine willkommene Abwechslung zum gesunden Gemüse zu Hause! Nach dem Essen verschwinden dann alle Kinder voller Begeisterung in den Spielraum, wo ein Klettergerüst samt Rutschbahn und eine Art Wanne steht, die voll bunter kleiner Bälle ist. Da wird dann ordentlich getobt! In der Regel dauert es allerdings nicht lange, bis ich das Wutgebrüll meiner kleinen Tochter Marina (3 Jahre) höre, die ohne Hilfe nicht an der Rutsche hochklettern kann. Meist helfen ihr dann größere Kinder, indem sie sie mit vereinten Kräften nach oben schieben. Dieses Mal aber habe ich keinen Mucks gehört...

Nach ungefähr einer halben Stunde kam ein etwa zehnjähriges Mädchen mit Marina auf dem Arm heraus und fragte in die Runde: „Wem gehört denn die Kleine mit den Zöpfen?" Erschrocken gab ich mich zu erkennen, aber Marina hatte lediglich ihren Schuh verloren, den das Mädchen ihr alleine nicht wieder anziehen konnte. Kaum war der Turnschuh wieder an Marinas Fuß, gingen die beiden Hand in Hand zurück in den Spielraum. Als das Mädchen nach einer weiteren halben Stunde leider gehen musste, erzählte sie mir beiläufig: „Ich habe selbst eine Cousine mit Down-Syndrom. Und die ist sooooo süß! Leider kann sie jetzt nicht hier sein, weil sie noch in der Schule ist. Also, macht's gut!" Und dann hüpfte sie davon.

Ich kann gar nicht sagen, wie froh mich dieses Erlebnis gestimmt hat! Dieses Mädchen ist so freundlich und lieb mit Marina umgegangen, wahrscheinlich, weil sie eine Behinderung als normalen Alltag empfindet. Wer weiß, ob ich selbst mich so ungezwungen verhalten hätte. Und ich wünschte, es gäbe mehr solcher positiven Begegnungen zwischen uns Menschen.

außergewöhnlich süß

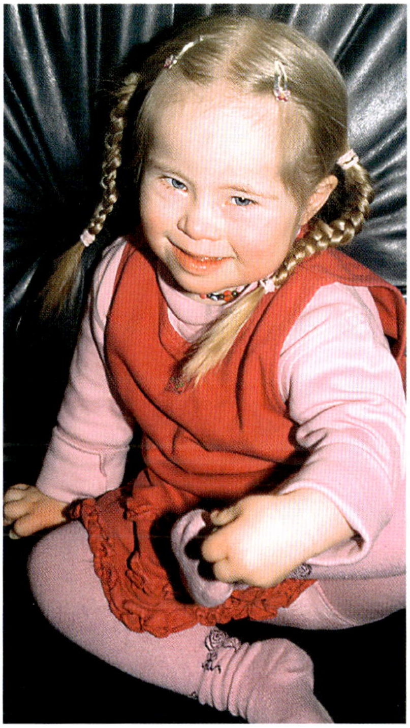 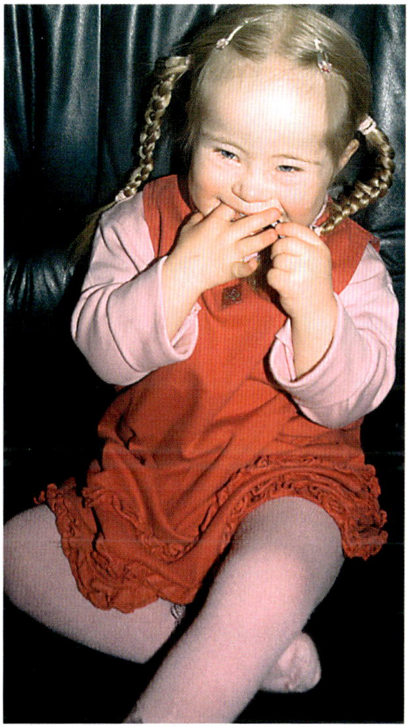

Ja, und? Dann ist sie halt ein bisschen anders

Juliana kam drei Wochen zu früh zur Welt. Mein Bruder befand sich zu der Zeit gerade geschäftlich im Nahen Osten. Immer noch tief überwältigt und geschockt von der Diagnose klingelt eines Morgens bei mir im Krankenhaus das Telefon. Die Verbindung war nicht besonders gut und dennoch vernehme ich die Freude in der Stimme von Julianas einzigem Onkel (mein Mann hat keine Geschwister): „Herzlichen Glückwunsch!" ..... Sofort schießt es mir durch den Kopf: „Oh je, er weiß es noch gar nicht." Mir steigen Tränen in die Augen und ich überlege kurz, wie ich ihm die traurige Nachricht übermittele, dass seine Nichte nicht so ist, wie er es sich vielleicht vorgestellt hat: "Sie hat das Down-Syndrom" sage ich kurz und bündig. „Ich weiß. Ja und? Dann ist sie halt ein bisschen anders." Die Freude ist nach wie vor in seiner Stimme. Und ich war sprachlos. Das war die schönste Reaktion, die ich seit der Diagnosemitteilung erhalten hatte. Kaum einer beglückwünschte uns zur Geburt unserer Tochter. Die meisten waren einfach nur tief betroffen. Die bunten Luftballons gab es nicht, dafür bekamen wir das Buch "Trostgedanken" geschenkt.

Manchmal wünsche ich mir, alle Menschen wären so unbefangen und vorurteilsfrei wie mein Bruder, der allem "Andersartigen" stets mit positiver Neugierde und Aufgeschlossenheit gegenübertritt. Erst Monate nach Julianas Geburt erfahre ich, dass dies nicht immer so war. Sein Zivildienst, den er im Verein "Behinderteninitiative" abgeleistet hat, sei damals eine sehr gute Lebensschule gewesen und hat ihm in vielen Dingen die Augen geöffnet: „Es ist völlig normal, verschieden zu sein. Jeder Mensch hat seine Stärken und Schwächen" so denkt er heute.

Die Reaktion meines Bruders hatte in mir damals etwas ausgelöst. Als ich nach dem Telefonat meine kleine Tochter in den Armen hielt, wusste ich, dass ich sie so lieb haben würde, wie sie war, dass sie für mich das wundervollste Geschöpf auf Erden sein würde, und dass wir zusammenhalten würden und gemeinsam neue Träume träumen würden. Und irgendwann war auch ich so weit: „Ja, und? Dann ist sie halt ein bisschen anders."

Claudia und Ricarda

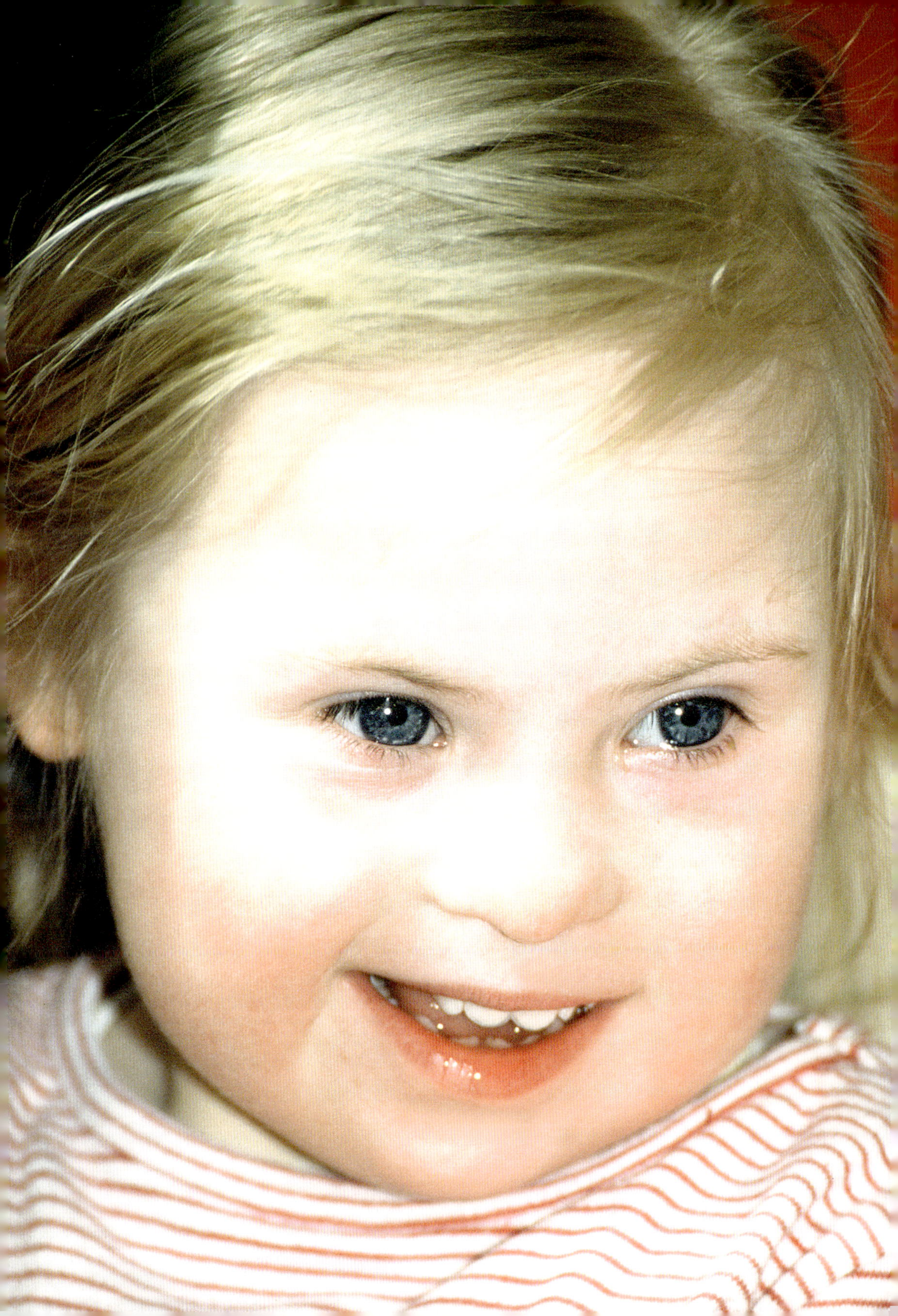

14^{00}	145/…		
16^{00}	127/101	98	25.7.06
18^{00}	107/73	107	"
16^{00}	104/66	101	28.7.06
18^{00}	103/70	105	28.7
10^{15}	143/95	98	30.7
18^{00}	112/70	116	"

außergewöhnlich
liebenswert

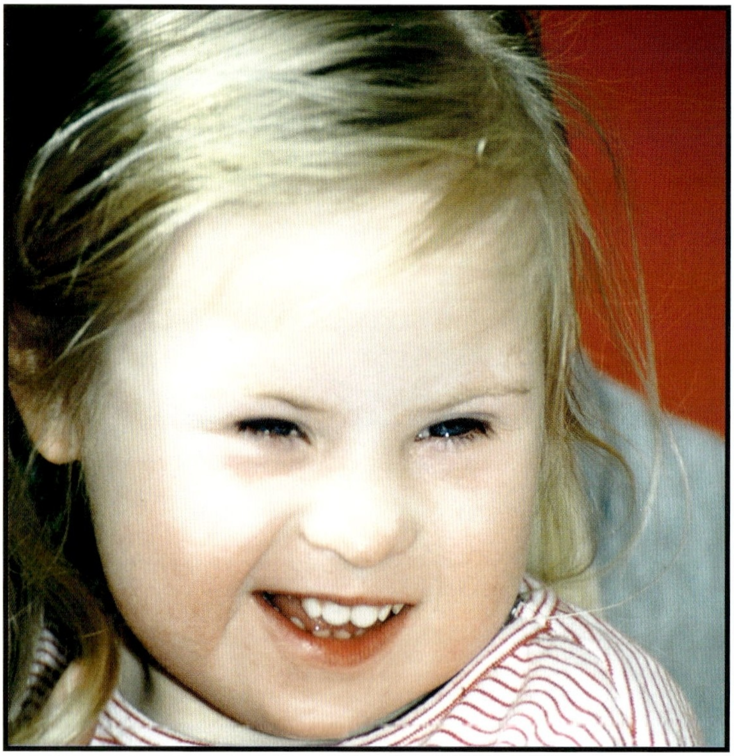

Ganz nah

Am Tag nach der Geburt unserer Tochter Ricarda erfuhren wir von der Diagnose Down-Syndrom. Es war also einen Tag lang alles in Ordnung, tja und dann war ziemlich viel in Unordnung, aber es war dennoch nicht so schlimm, wie ich mir solch eine Situation vorher vorgestellt hätte. Mit einer gewissen Unordnung lässt es sich nämlich ganz gut leben.

Irgendwie gab uns dieses kleine Zauberwesen keinen Anlass, wirklich traurig zu sein. Ricarda zeigte uns von Anfang an, dass es eine Steigerung von Nähe, sich nah sein, gibt. Man muss sich nur "Grobi" vorstellen, wie er in der Sesamstraße die Begriffe "fern" und "nah" erklärt. Und wenn er dann gaaaaanz nah vorne mit der Schaumstoffnase an der Mattscheibe klebt ist das so ähnlich wie bei Ricarda, die einen Zwei-Zentimeter-Abstand zwischen Nasen scheinbar als viel zu weit empfindet.

Ricarda bekam mit acht Monaten BNS-Krämpfe, eine schwer zu behandelnde Epilepsie-Erkrankung. Obwohl nun schon drei Jahre anfallsfrei, bestimmt diese Krankheit bis heute ihr Leben und hat ihre Entwicklung stark beeinträchtigt. Die Zeit der Anfälle war schwer. Kaum ein Lächeln, ein Zeichen des Erkennens, fast immer abwesend. Allein beim Stillen hatte ich Blickkontakt. Down-Syndrom wurde zur Nebensache und ist es teilweise auch geblieben. Nachdem die Anfälle aufgehört hatten, kam unser Mädchen langsam wieder zurück auf diese Welt. Wir hatten sehnsüchtig darauf gewartet. Sie kann zwar noch nicht laufen und noch ganz viel anderes nicht, aber sie strahlt soviel Liebe aus, dass ich jeden Morgen aufs Neue überwältigt bin. Noch nicht richtig wach, lächelt sie über das ganze Gesicht und freut sich so sehr. Über was, weiß ich nicht. Aber ich fühle, alles ist gut. Ricardas liebste "Beschäftigung" ist das Küssen. Sie küsst die Menschen und Dinge, die ihr gefallen. Da sind natürlich wir, die lieben Großeltern, ausgewählte Spielsachen, mal ein Baum, die Damen auf der T.V.-Spielfilm, Besen, Charles Aznavour (...niiiicht an die Schallplatten!!!), natürlich Ricarda Füße, Ricarda Hände, Ricarda im Spiegel und vieles mehr.

Das Leben mit unserer Tochter gibt uns immer wieder die Chance, über die wirklich wichtigen Werte in unserem Leben nachzudenken, es gibt uns die Möglichkeit, anders zu handeln oder die Dinge einfach geschehen zu lassen. Das "Übliche" passt oft nicht und der Versuch der Annäherung an das "Normale" stresst und schmerzt oftmals mehr als das "Besondere" so anzunehmen, wie es ist. Mein Mann und ich haben uns auf Ricardas Langsamkeit eingelassen und festgestellt, dass sie uns gut tut. Es lohnt sich, manchmal zu verweilen. Stehen zu bleiben, vielleicht sogar rückwärts zu gehen, gegen den Strom. Wie unser alter Freund William Shakespeare schon schrieb: "Es gibt mehr Dinge zwischen Himmel und Erde, als eure Schulweisheit sich träumen lässt."

Sylvia und Sophie

außergewöhnlich selbstbewusst

Sophie – ein Geschenk

4. Januar im Kreißsaal. Nachdem ich entbunden hatte, spürte ich eine eigenartig geschäftige Unruhe, die etwas Bedrückendes an sich hatte. Als die daraus resultierende Unsicherheit zur Gewißheit geworden war, konnte das für mich Unfaßbare Raum einnehmen: meine Tochter hat das Down-Syndrom.
Ich war wohl einen Moment allein im dämmrigen Kreißsaal. Sophie konnte ich nicht ansehen, aber ich hielt sie fest in meinem Arm. Eine erfahrene Kinderärztin lehnte sich wortlos an mein Bett. Da brach es aus mir heraus: ob das denn eine Strafe sei, daß ich so ein Kind bekommen habe! Doch die sonst so ruhig wirkende Ärztin reagierte vehement: Nein! Dies sei eine Chance, das hätte einen tiefen Sinn. Ich kann mich heute noch daran erinnern, wie ich spürte, daß hier ein ganz starkes Vertrauen in mich und uns gesetzt wurde. Vielleicht begann ich hier zu ahnen, daß wir getragen sind. Das ist nun 8 Jahre her, eine Zeit voller Leben in der Spannung zwischen tiefer Traurigkeit und hohem Glück.

Sophie geht jetzt in die 2. Klasse einer Regelschule. Schon im Kindergarten schaute sie sich viel von den anderen Kindern ab: wie man zusammen spielt oder turnt, daß man zuhört, wenn vorgelesen wird und auch, daß man seinen Namen schreiben kann. Wir gingen auf ihren Wunsch ein und halfen ihr, ihn zu lernen. Sie strahlte jedes Mal so ein Glück aus und war so stolz, wenn sie ihren Namen geschrieben hatte! Einmal sollte sie Milch einkaufen gehen, kam allerdings erst nach längerer Zeit wieder. Mit leuchtenden Augen stand dann mein kleines Mädchen vor mir, gab mir die Milch und zeigte mir ein Schreibheft. Sie hatte es eigenständig in einem anderen Geschäft gekauft und hielt es fest in ihren Händen. Sie wolle in die Schule gehen und lernen. Was blieb mir anderes übrig, als meine Angst über ihr Zuspätkommen zu unterdrücken und glücklich ihren Freudetanz zu erleben!
Und jetzt ist sie in der Schule. Seit einiger Zeit kommt sie allein nach Hause, auf ihren ausdrücklichen Wunsch. Dabei braucht sie für ihren 10-minütigen Schulweg oft eine halbe Stunde. Natürlich, sie muß doch einer älteren Dame erzählen, daß sie in der Schule gewesen war und ein Eichhörnchen beobachten und vielleicht noch bei anderen Kindern im Garten vorbeischauen und ... Ich habe Fenster und Türen offen, auf jedes Geräusch achtend in der Hoffnung, daß sie doch bald kommen möge. Und dann kommt sie, oft höre ich sie schon von weitem lauthals singend kommen. Der Weg vom Gartentörchen bis zur Haustür, an der ich warte, wird dann zum Fest. „Mami, war gaaanz schön in der Schule!" kommt sie lachend und fröhlich in meine Arme gerannt und ist plötzlich tieftraurig, daß jemand aus ihrer Klasse krank war. Ich lasse mich von ihr in den Bann ziehen, um eine kurze Zeit nur im Jetzt zu leben.

Ich bin froh und dankbar, daß Sophie meine Tochter ist. Auch wenn sich der Alltag oft schwierig gestaltet. Aber was habe ich an Vertrauen und Achtung durch sie und mit ihr gewonnen! Ich staune, was für eine Persönlichkeit sie entwickelt hat. Mit allen Höhen und Tiefen ist mein Leben durch Sophie reicher geworden.

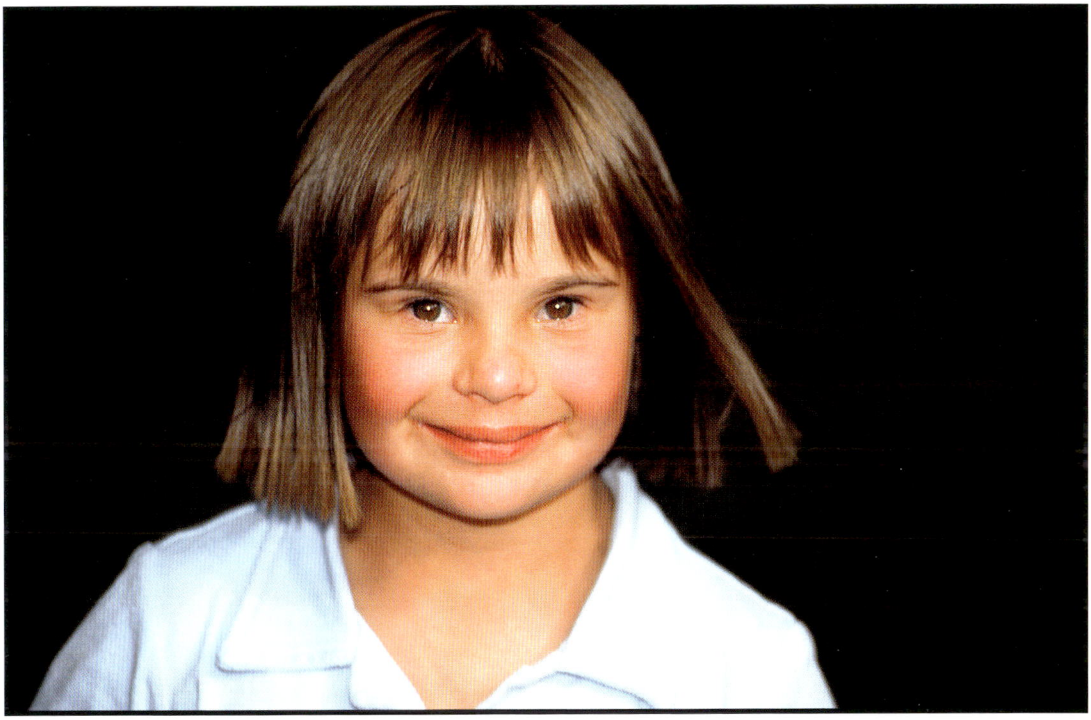

Liebe und Geduld

Die ersten Wochen und Monate nach Julianas Geburt habe ich mich immer gefragt, was ich tun kann, um Juliana so "normal" wie möglich hinzubekommen. Inzwischen bin ich zu der Überzeugung gelangt, dass es da gar nichts gibt, was in Ordnung zu bringen wäre. Wenn etwas nicht stimmt, dann hat das weniger mit meiner Tochter, als vielmehr mit unserer Gesellschaft zu tun. Denn diese stellt ja die Normen auf und legt fest, was als normal zu gelten hat. Aus diesem Grund frage ich mich heute eher, was ich tun kann, damit unsere Gesellschaft meine Tochter so akzeptiert, wie sie ist. Sie ist eben ein bisschen anders als gewöhnlich.

Ich würde Juliana eher als einen "Late Bloomer", einen Spätzünder beschreiben als ein Kind mit einer Behinderung. Auf mich macht sie einen ganz normalen Eindruck. Sie braucht eben für viele Sachen etwas länger als die anderen und muss ein bisschen mehr üben. Mir ist klar geworden, dass ich nicht nur für Juliana Liebe und Geduld aufbringen muss, sondern vor allem für meine Umwelt. Und zwar immer dann, wenn ich von Freunden, Bekannten und Verwandten so Äußerungen und klassische Vorurteile höre wie zum Beispiel "Juliana wird ja wahrscheinlich nie Freunde haben" oder "ich finde es toll, dass ihr sie nicht zuhause versteckt" oder "für uns wäre ein behindertes Kind nicht in Frage gekommen" oder "ich könnte das nie" oder sogar "habt ihr das vorher nicht gewusst". Am Anfang haben mir solche Bemerkungen immer weh getan. Zugegeben, ein bisschen schmerzen solche Äußerungen auch heute noch. Aber inzwischen weiß ich, dass bei den meisten keine böse Absicht dahinter steckt, sondern eine große Unwissenheit und Angst.

Am Anfang habe ich mich immer sehr aufgeregt, wenn jemand das "M-Wort" benutzt hat. Inzwischen entschuldige ich einen solchen Ausrutscher, wenn die Einstellung der Person in Ordnung ist. Selbst meine Frauenärztin, die es eigentlich besser wissen sollte, spricht immer noch von "mongoloiden" Kindern. Sie ist als Mensch aber absolut in Ordnung und ich weiß, dass sie sich wahrscheinlich einfach nur nichts dabei denkt. Genauso die Kinderkrankenschwester, die nach Julianas Geburt ins Stillzimmer kam und begeistert meinte: "Was für ein süßes Baby – ist das ein Mongölchen?" – eine liebe und herzensgute Frau, die sich einfach nichts dabei gedacht hat.

Nun schreibe ich hier über Liebe und Geduld und mein Blick schweift rüber zu meiner kleinen Tochter, die sich gerade köstlich amüsiert mit ihrer riesengroßen Lieblingspuppe „Ernie“. Und ich frage mich auf einmal, wer hier eigentlich für wen „Liebe und Geduld“ aufbringt. Ist es nicht sie, die geduldig auf ihre manchmal doch sehr geschäftige und chaotische Mutter wartet? Und egal wie geschäftig und chaotisch es manchmal auch zugeht ..... Sie liebt mich - bedingungslos.

Karen und Giulia

aubergewöhnlich hübsch

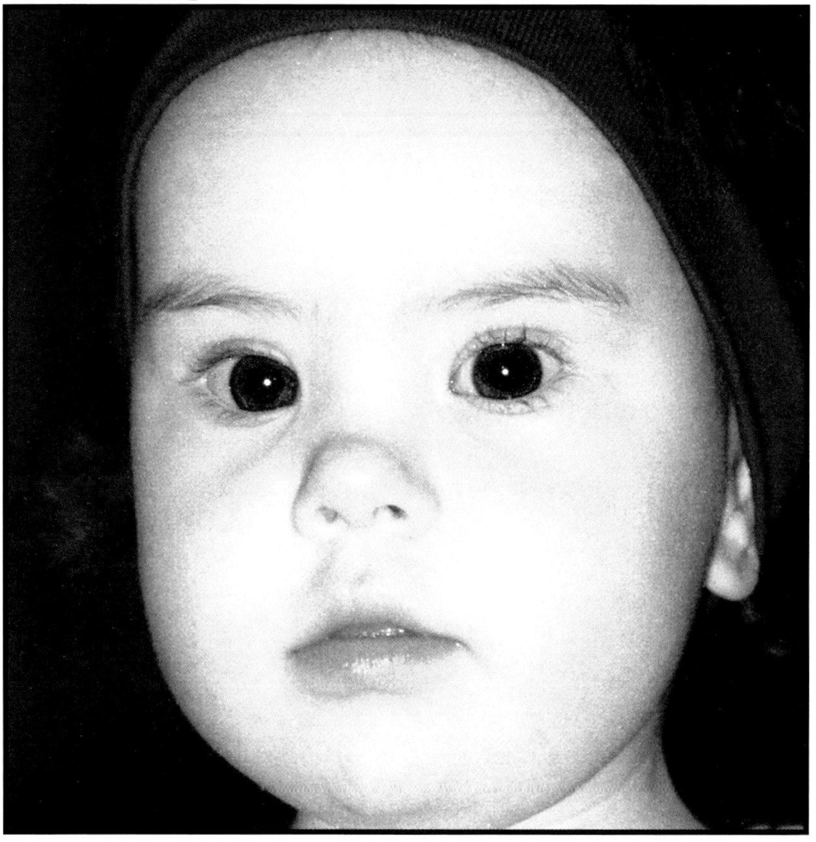

Es spielt gar keine Rolle

Als Giulia geboren wurde, war ich gerade mal 21 Jahre alt. Da nach meinem damaligen Wissensstand nur Frauen über 35 ein Baby mit Down-Syndrom bekommen können, war der Schock bei der Diagnose unermesslich groß. Ich dachte, mein Leben wäre vorbei, bevor es richtig angefangen hat. Ein behindertes Kind zu haben war für mich das Allerschlimmste, was einem Mensch passieren kann.

Das ist inzwischen beinahe 17 Monate her. Und in dieser Zeit hat sich einiges geändert. Ich weiß heute nicht nur, dass Frauen jeden Alters Kinder mit Down-Syndrom zur Welt bringen, ich weiß auch, dass Giulia das Beste ist, was mir je passieren konnte. Durch sie bin ich ein besserer Mensch geworden. Und durch sie habe ich in jungen Jahren das gelernt, was viele Leute in ihrem ganzen Leben nicht begreifen. Nämlich dass Menschen mit einer Behinderung das Normalste von der Welt sind.

Für mich war es anfangs ein großes Problem, ob und wie viel man Giulia ihre Besonderheit ansieht. In dieser Hinsicht war es ein Pfarrer, der mir die Augen öffnete. Mit sieben Monaten sollte Giulia getauft werden. Zu den Taufgesprächen bin ich immer alleine gegangen und von ihrer Behinderung habe ich bewusst nichts erwähnt, weil ich nicht wollte, dass diese Bestandteil der Predigt wird. Am Tag von Giulias Taufe kam der Pfarrer zu uns, begrüßte uns freundlich, sah Giulia an und sagte einen einzigen Satz zu ihr: „Das ist aber ein hübsches Baby!" In diesem Moment wurde mir zum ersten Mal klar: es spielt gar keine Rolle, ob man es nun sieht oder nicht, sie ist einfach nur ein hübsches Baby.

Unsere Kinder können sich ihre Eltern nicht aussuchen und wir können uns unsere Kinder nicht aussuchen. Aber wenn ich es könnte, würde ich genau dieses Kind wieder nehmen. Meine größte Hoffnung ist, dass Giulia das Gleiche eines Tages über mich sagen wird.

Astrid und Dominic

außergewöhnlich

neugierig

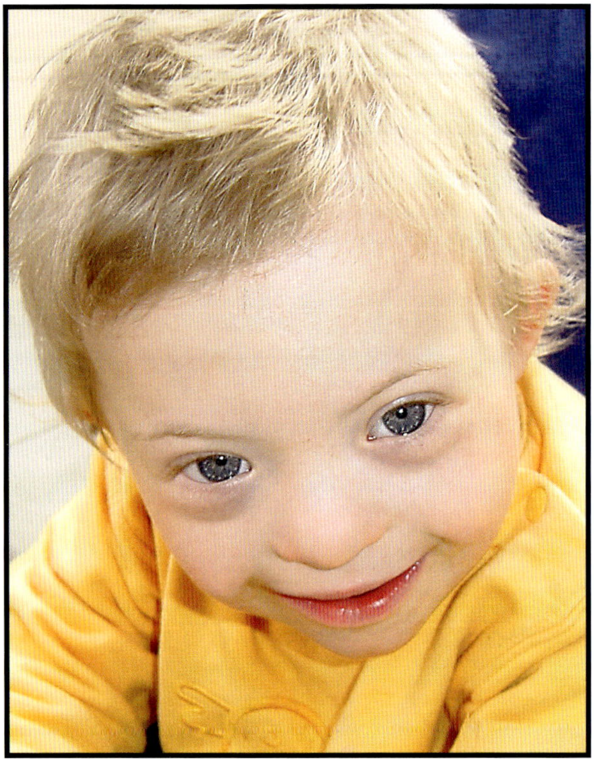

Einfach umwerfend

Laufen ist gesund! Dies gilt auch für Dominic. Also wird beim täglichen „Frische Luft schnappen" nicht nur im Buggy gesessen, sondern - soweit die Füße tragen - selbst marschiert. Das ist manchmal etwas mühsam, denn es gibt ja so vieles links und rechts am Wegesrand zu entdecken, das zu erkunden natürlich Zeit braucht.

Dominic war wieder einmal mit Steinchen und Stöckchen beschäftigt, als ein altes Mütterchen aus dem nahe gelegenen Altenheim mit ihrem Krückstock - freundlich lächelnd - an uns vorübergehen wollte. „Oooh" sagte Dominic erstaunt und deutete begeistert auf den Krückstock. Blitzschnell hat er den Stock oben erfasst und kräftig geschüttelt. Das Mütterchen wackelte bedenklich hin und her und schaute Hilfe suchend zu uns: „Der Kleine wirft mich um."

Natürlich entfernten wir den Schüttler schnell vom Stock, da wir ja keinen „Un- oder Umfall" provozieren wollten. Erleichtert strebte die Dame einer Sitzbank zu, auf der der tägliche Rentnertreff stattfand. Dominic aber verfolgte sie mit „Oohs" und „Aahs" und war nicht zu bremsen, weitere Angriffe auf das neue, tolle Spielzeug „Krückstock" zu starten. Die alte Dame geriet beinahe in Panik, weil der kleine Jäger immer näher kam. Das Mütterchen erreichte mit Müh und Not die rettende Sitzbank, auf der schon einige ihrer Freundinnen auf sie freundlich lächelnd warteten.

Natürlich hatten wir den Stockjäger inzwischen eingefangen und ihn nach rechts auf einen Wegeabzweig abgedrängt. Dort fand er dann in einer Wiese im halbhohen Gras einen tennisballgroßen Gummiball, den offenbar ein Hund verloren hatte. Kein Mensch - und auch wohl der Hund nicht - hatte das Teil gesehen, das sich im Gras versteckt hatte. Der Ball hat uns dann geholfen, den Rest des Weges zu bewältigen. Er hat ihn immer vor sich hingeworfen und ihn quasi apportiert. Das war echtes "Jogging" für Dominic. Der Hundeball wurde "scharf" gewaschen und gehört seither zur Standardausstattung für Spaziergänge mit Opa und Oma.

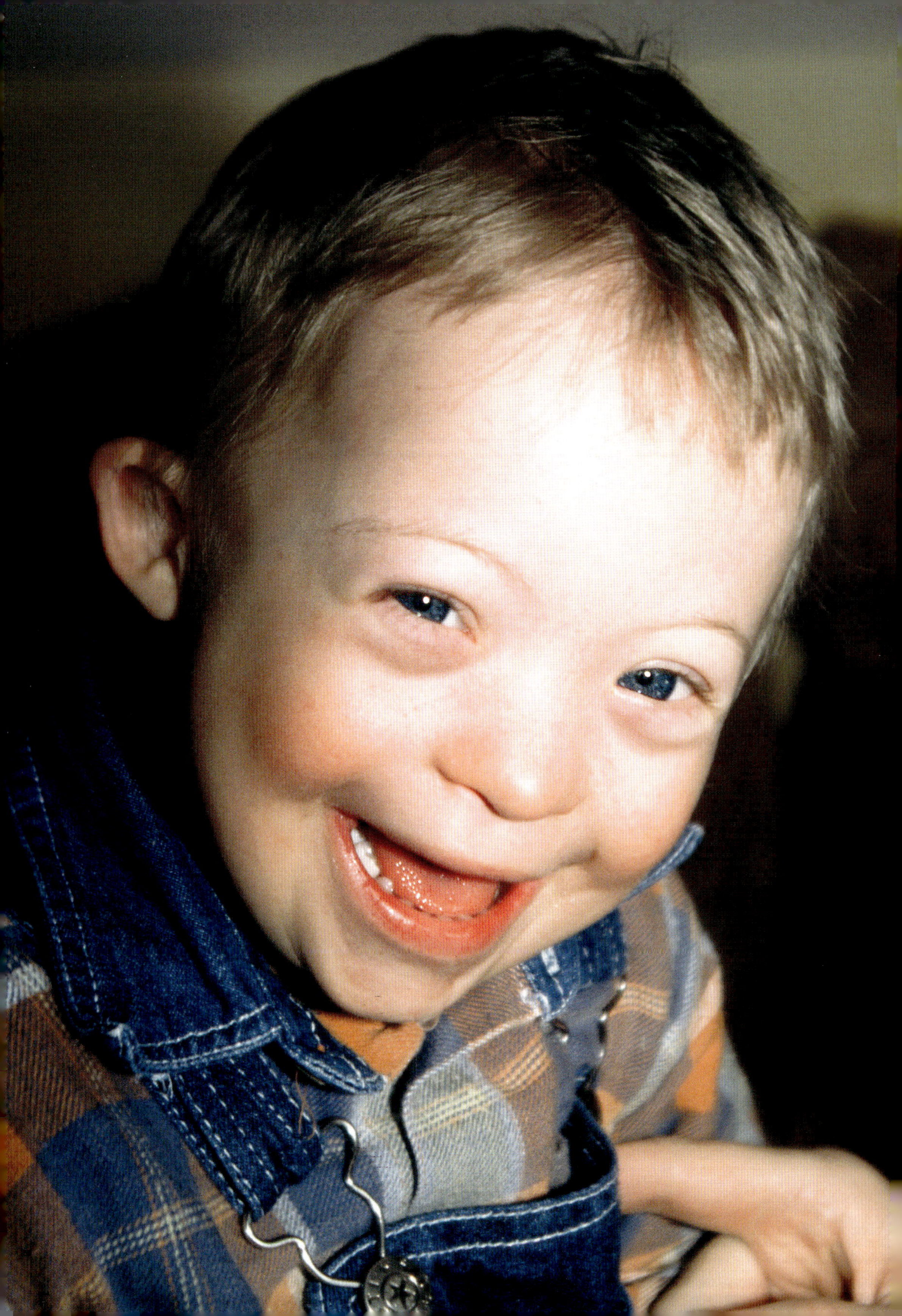

Conny und Juliana

außergewöhnlich exotisch

Kinderfragen

Juliana und ich warteten auf dem fast leeren Bahnsteig auf die S-Bahn, als sich ein achtjähriger Junge neben uns stellte. Da wir später mit dem Auto abgeholt werden sollten, hatte ich Juliana in ihren Maxi-Cosi gepackt. Da passte sie mit ihren zwölf Monaten gerade noch hinein. Der Junge beobachtete Juliana sehr interessiert. In der fast leeren S-Bahn setzte er sich dann neben uns und stellte mir nun alle möglichen Fragen: „Ist das Baby ein Junge oder ein Mädchen?" „Wie alt ist sie denn?" „Wie heißt sie denn?" Inzwischen hatte ich auch herausbekommen, warum der Junge so neugierig war. Er hatte vor drei Monaten selbst ein Geschwisterchen bekommen und war dadurch ein „großer Bruder" geworden - und darauf war er ziemlich stolz.

Nachdem er Juliana eine ganze Weile aufmerksam angeschaut hatte, fragte er auf einmal: „Ist Julianas Vater Chinese?" Im ersten Moment wusste ich nicht, ob ich jetzt lachen oder weinen sollte. Weinen, weil die typischen, äußeren Stigmata des Down-Syndroms ja doch so deutlich zu sehen sein mussten, dass es sogar einem Kind auffällt. In den ersten Monaten hofft man wahrscheinlich ganz besonders, dass man es vielleicht nicht so sehr sieht. Und lachen, weil ich fasziniert war von der Beobachtungsgabe und der ehrlichen, direkten Art des kleinen Jungen. Er verhielt sich ganz ungezwungen so, wie es eben nur Kinder machen.

Der Drang, einfach zu lachen, war dann doch stärker und ich antwortete: „Nein, sie hat das Down-Syndrom". Sofort wollte der Junge jetzt wissen, was denn das Down-Syndrom sei. Oops, in so eine Situation war ich noch nie geraten. Ich hatte bislang noch nie einem Kind erklärt, was das Down-Syndrom ist. Und so viel mir auf die Schnelle nichts besseres ein wie: „Down-Syndrom bedeutet, dass sie in jeder ihrer Milliarden Körperzellen ein Chromosom mehr hat als wir". Der kleine Junge bekam leuchtend große Augen, schaute Juliana an und sagte nur sichtlich beeindruckt: „Wow - das ist aber cool!"

UCB

FLOWER
UCB

Ausklang

Es gibt nichts Besseres als den Austausch mit anderen Eltern von Kindern mit Down-Syndrom. Dieser Austausch ist aus meiner Sicht durch kein Gespräch mit noch so einfühlsamen Experten – sei es Arzt oder Therapeut – zu ersetzen. Und auch Freunde, Verwandte und Bekannte können zwar mit Verständnis und Offenheit helfen, aber sie zählen halt nicht zu den direkt und unmittelbar „Betroffenen". Niemand kann einen besser verstehen als jemand, der den gleichen Weg gegangen ist, der selbst erst lernen musste, mit solch einer gänzlich unerwarteten Situation umzugehen und der bereits bewältigt hat, was man ganz zu Anfang selbst nicht zu bewältigen glaubt.

Es tut unheimlich gut zu wissen, dass man nicht alleine ist mit seinen anfänglichen Ängsten und Sorgen. Wir lachen zusammen, wir machen unserem Ärger Luft und schütten unser Herz aus. Und wir öffnen hin und wieder eine Flasche Sekt, wenn es mal wieder etwas zu feiern gibt. Hätte Juliana nicht dieses extra Chromosom, hätte ich diese außergewöhnlichen Mütter und ihre außergewöhnlichen Kinder wahrscheinlich niemals kennen gelernt. Ich durfte sie nicht nur kennen lernen, sondern auch fotografieren. Grund genug, diese Mütter und wie wir uns begegnet sind auf den nachfolgenden Seiten ein wenig genauer vorzustellen.

Außergewöhnliche Mütter

Karim und ihr Mann Christian waren nach Julianas Geburt unser erster Kontakt mit einer Familie mit einem Kind mit Down-Syndrom. Unser Chef (ich war vor Julianas Geburt in derselben Firma wie mein Mann tätig) war mit Christian zur Schule gegangen und hatte, als er von den Neuigkeiten erfahren hatte, sofort einen Kontakt hergestellt. Und so fanden wir – kaum aus dem Krankenhaus entlassen – einen ganz lieben Brief von den beiden vor, in dem sie uns erst einmal zu unserem ganz besonderen Kind beglückwünschten und uns von ihrem damals zweieinhalbjährigen Sohn Samuel erzählten, wie ihre damals fünfjährige Tochter ihn direkt ohne jegliche Vorbehalte angenommen hatte, wie er war, und ihnen so den Weg zu ihm gezeigt hatten. Dass Samuel (4 Jahre) ein ganz normaler Teil der Familie geworden ist, immer bestens gelaunt, ein echter Sonnenschein und er sie unheimlich zum Lachen bringt durch seine Showeinlagen.
Wir hatten uns damals sehr über den langen, aufbauenden Brief gefreut, dem sie noch ein paar Seiten mit hilfreichen Tipps zu einigen wichtigen Punkten beigefügt hatten. Karim wohnt nur ein paar hundert Meter von uns entfernt. Ich bewundere sie jedes Mal aufs Neue, wie gelassen sie ihre Rolle als dreifache Mutter bewerkstelligt. Wahrscheinlich liegt ihr Erfolgsrezept darin, dass sie sich hin und wieder mal eine Auszeit mit ihren Freundinnen gönnt und neue Energie tankt.

Petra war mein erster Kontakt zur Stuttgarter Elterngruppe (www.46plus.de). Ihre Telefonnummer hatte ich von unserer gemeinsamen Frauenärztin bekommen. Juliana war gerade drei Monate alt, als ich sie das erste Mal anrief. Ich war sofort fasziniert von ihrer großzügigen, hilfsbereiten und äußerst positiven Art. Wir haben ziemlich lange telefoniert und obwohl wir uns ja überhaupt nicht kannten, hatte sie mich am Schluss unseres Gespräches gefragt, ob ich sie nicht mal besuchen kommen möchte. Zwei Tage später lag ein Brief von ihr im Briefkasten mit dem offiziellen Programm und Themen der Stuttgarter Elterngruppe. Petra war auch diejenige, die mich das erste Mal zum „Kaffeekränzchen" mit ein paar Müttern und deren Kinder mit Down-Syndrom eingeladen hatte. Das Kaffeekränzchen fand diesmal - jeden Monat ist eine andere Mutter die Gastgeberin – bei Christine statt, die keine zehn Minuten zu Fuß von uns entfernt wohnt. Ich war ziemlich aufgeregt vor diesem Treffen, war es doch für mich das erste Mal, dass ich Kindern mit Down-Syndrom begegnete. Juliana war erst vier Monate alt und der Schock über ihre Diagnose und die Zukunftsängste waren immer noch allgegenwärtig, wenn auch nicht mehr so extrem wie am Anfang. Mit Herzklopfen ging ich die Treppe hinauf und wurde oben angelangt aufs Allerherzlichste begrüßt. Dort stand nämlich Petras dreijähriger Sohn Yannik, der ganz außer sich vor Freude war. Mir war schnell klar, dass seine Freude dem von mir mitgebrachten Baby galt. Aber das spielte keine Rolle. Er hatte mich mit seiner charmanten Art sofort bezaubert, als er mich an die Hand nahm und mich hineinführte. Als ich am Abend nach Hause ging, waren nicht nur meine ursprünglichen Ängste verflogen, sondern mir war mal wieder klar geworden, dass man aus allen Dingen des Lebens, auch wenn sie einen erst so niedergeschlagen haben, das Positive ziehen kann. Ohne Juliana hätte ich diese netten Mütter und ihre hinreißenden Kinder niemals kennen gelernt.

Christine und ihr Mann Jonathan wohnen wie gesagt nur ein paar Minuten von uns entfernt und so liegt es im wahrsten Sinne des Wortes nahe, dass man sich öfters mal sieht. Einmal haben Martin und ich sie abends besucht. Die Einstellung der beiden fanden wir klasse: „Das Wichtigste ist Love and Food!" Denn gerade am Anfang ist man als frischgebackene Eltern eines Kindes mit Down-Syndrom oft unsicher, ob man auch wirklich alle Möglichkeiten zur Förderung des Kindes ausschöpft und nicht irgendwas verpasst. Wir waren außerdem beeindruckt, dass Christine und Johnny ihre beiden Kinder zweisprachig (Deutsch und Englisch) erziehen.
Immer wieder liest man in Erfahrungsberichten, dass es die Kinder selbst sind, die einem den Weg zeigen und vor allem Mut machen. So auch Christines Sohn Felix. Eines Nachmittags bat mich Christine, ein paar Stunden auf ihre beiden Kinder Felix (4 Jahre) und Lilly (2 Jahre) aufzupassen. Kein Problem dachte ich zuerst, wurde dann aber doch etwas unsicher, ob die beiden bei mir nicht anfangen würden zu fremdeln und rief Ana an, ob sie und Lukas nicht Lust hätten, uns Gesellschaft zu leisten. Es war nicht nur ein toller Nachmittag gewesen, sondern Ana und ich hatten mal wieder

einen riesigen Motivationsschub erhalten. Wir waren nicht nur gerührt, wie lieb die beiden Geschwister miteinander umgegangen sind (obwohl uns Christine später versicherte, dass die beiden auch anders können), sondern es hat uns so viel Mut gemacht zu sehen, was Felix mit seinen vier Jahren schon alles konnte. Er konnte vielleicht noch nicht jedes Wort sprechen, aber er verstand einfach alles. Und er hat gesprüht vor Charme – wir sind richtig dahingeschmolzen.

Roswitha und Serge bin ich das erste Mal beim Kaffeekränzchen bei Christine begegnet. Ich war sofort überzeugt, dass Roswitha eine Freundin von Christine sein muss, die mit ihrem Sohn an diesem Nachmittag nur zufällig vorbei kam, denn Serge sieht man beinahe nicht an, dass er ebenfalls ein Chromosom mehr hat. In der Tat war es bei Serge wohl so gewesen, dass man sein Down-Syndrom erst nach sechs Monaten bei einer zufälligen Untersuchung im Krankenhaus diagnostiziert hatte.
Serge ist ein wahrer Lebenskünstler. Sein herzerfrischendes, ansteckendes Lachen verrät, wie sehr er das Leben liebt. Seine Mission auf Erden ist ohne jeden Zweifel, andere glücklich zu machen. Für Roswitha – und ihre Familie – ist Serge das allergrößte Geschenk. Sie wurde schon einmal gefragt, ob es für sie noch nie ein Problem gewesen wäre, ein „behindertes" Kind zu haben. Ihre Antwort: „Nein, noch nie! Wir haben es noch keine Sekunde bereut, ihn so zu haben, wie er ist. Sollte eine Fee kommen und mir anbieten, alles rückgängig zu machen und mir ein „normales" Kind zu geben, ich würde das nicht wollen, um nichts in der Welt. Ich liebe Serge so, dass ich es gar nicht in Worte fassen kann. Ich sitze oft abends an seinem Bett und danke Gott, dass er ihn uns anvertraut hat und ich sage dann auch: „Danke Serge, dass du zu uns gekommen bist". Und damit meine ich ganz genau so, wie er ist."

Stephanie und ihr Mann Stefan gehören zu den Gründern und engagiertesten Mitgliedern der Stuttgarter Elterngruppe. So ist es ihrem Einsatz zu verdanken, dass sich die Gruppe alle fünf Wochen dienstagabends in den Räumen des Gemeindezentrums ihrer katholischen Kirche trifft. Zu Beginn jeden Jahres werden die entsprechenden Themen ausgewählt und Referenten für Vorträge gewonnen. Wenn Stephanie ab und zu erzählt, dass Jakob mal wieder in einer schwierigen Phase stecke, schaue ich sie jedes Mal ganz unglaubwürdig an. Ich kenne Jakob nur als gutgelaunten, enthusiastischen, kleinen Sonnyboy, der sich „mit seiner offenen, herzigen Art und seinem einvernehmenden Lachen sofort den Weg in jedes Herz bahnt", wie Jakobs größter Fan Johannes, eine Integrationskraft im Montessori-Kindergarten, einmal in einem Artikel geschrieben hat. Es ist nicht nur Stephanies großer Wunsch, dass wir das Wort „Integration" eines Tages nicht mehr brauchen, weil es einfach selbstverständlich geworden ist, dass alle Menschen zusammen leben, lernen und arbeiten dürfen.

Anja wohnt etwas außerhalb von Stuttgart und ist zur Stuttgarter Elterngruppe gestoßen, da es damals in ihrem Wohnort noch keine eigene Gruppe gab. Ich weiß noch sehr genau, wie überrascht ich damals war, als ich bei unserer ersten Begegnung bei Christine erfahren habe, dass sie bei der Geburt ihres Sohnes Felix erst 21 Jahre alt war. Ich hatte bis dahin immer geglaubt, nur ältere Mütter bekommen Kinder mit Down-Syndrom. Inzwischen weiß ich, dass 90 % aller Babys mit Down-Syndrom von Müttern unter 35 Jahren geboren werden. Die Ursache dafür liegt darin, dass der überwiegende Anteil aller Geburten auf jüngere Frauen entfällt. Dazu kommt, dass sich Mütter dieser Altersgruppe auch seltener der Pränataldiagnostik unterziehen.
Felix wurde letztes Jahr der stolze, große Bruder einer süßen, kleinen Hannah. Seitdem bringt uns Anja bei jedem Treffen zum Lachen, wenn sie ganz aufgeregt erzählt, welchen Entwicklungsschritt die kleine Hannah schon wieder in welch kurzer Zeit erreicht hat. Für Anja ist Felix eben ein ganz normaler Junge. Und Hannah ist nun eben ein "äußerst" normales Mädchen.

Maren und ihren Mann Andreas habe ich ebenfalls über die Stuttgarter Elterngruppe kennen gelernt. Wie sich schnell herausstellte, hatten Andreas und mein Mann Martin davor schon einmal beruflich miteinander zu tun. Wer Marens Sohn Tim zum ersten Mal begegnet, sieht in ihm vermutlich mehr einen kleinen Autonarren, als ein Kind mit Down-Syndrom. Tim zählt mit Begeisterung alle möglichen unterschiedlichen Automarken auf. Das Ganze klar und deutlich verständlich, so dass man sich wirklich mehrmals fragt, ob dieser dreijährige Junge tatsächlich ein Chromosom mehr haben kann. Oh je, mag der ein oder andere jetzt vielleicht denken, um so weit zu sein wird der Kleine von seinen Eltern vermutlich arg gepiesackt. Das Gegenteil ist der Fall. Maren hält nicht sehr viel von allen möglichen Therapien, sondern entscheidet einfach was aus ihrer Sicht das Beste für Tim ist. Und so falsch liegt sie damit ja offensichtlich nicht.

Ulrike habe ich über die Bildergalerie (www.robs-world.de) der Down-Syndrom-Mailingliste kennen gelernt. Die Mailingliste „mailingliste@down-syndrom.de“ wird mittlerweile von über 600 Mitgliedern genutzt. Ziel der Liste ist es, Probleme zu diskutieren und Unterstützung zu bieten. Die Benutzer der Liste geben Erfahrungen und Tipps weiter, trösten bei Kummer, stärken bei Ärger und freuen sich mit, wenn es Freudiges gibt. Als irgendwann zu viele Bilder über die Liste geschickt worden waren, wurde die Bildergalerie ins Leben gerufen. Dort dürfen alle stolzen Eltern die Bilder ihrer Kinder zeigen und ein bisschen was über sie erzählen. Ulrike und ihr Mann Christian hatten die Bilder von Juliana gesehen und im Namen von Sophia, die knapp ein Jahr älter ist als Juliana, eine E-Mail an Juliana geschickt, als sie gerade vier Monate alt war. Aus einem regen E-Mail-Kontakt entstand mit der Zeit eine wunderschöne Brieffreundschaft. Ulrike schreibt wahnsinnig schöne Briefe – besonders über die vielen, süßen Fotos von Sophia freue ich mich immer. Leider hält uns die Distanz von hundert Kilometern davon ab, uns häufiger zu sehen.

Ana-Cristine wohnt ganz in der Nähe von Petra und wie es der Zufall will, sind ihre Großmütter auch noch miteinander befreundet. So war es – wieder einmal – Petra, die uns miteinander bekannt gemacht hat, denn Lukas und Juliana sind ungefähr gleich alt.
Anas frech-fröhliche Art ist einfach herrlich erfrischend und ansteckend. Gerade mal 23 Jahre jung sprüht sie nur so vor Optimismus. Kein Wunder, dass ihr Sohn Lukas sie auf jedem Bild ganz verliebt anhimmelt. Es gibt bestimmt einige, die erst einmal ganz mitleidsvoll schauen, wenn sie hören, dass Anas Sohn Down-Syndrom und schon 14 Operationen hinter sich gebracht hat. Na, wenn die wüssten! Um ihre positive Lebenseinstellung und ihren Humor würden sie sie sofort beneiden. Ich erinnere mich, als Ana und ich das erste Mal beim Babyschwimmen waren. Da sah sie ihren Lukas in seiner niedlichen Badehose ganz ernst an und meinte: „Nimm dich in Acht, mein Kleiner. Die süßen Mädels hier schauen dir alle nach – trotz deiner großen Narbe!" Sie ist wirklich nie um eine freche Antwort verlegen. Ihre Schwiegermutter klagte einmal am Telefon, wie „down" sie heute sei. Ana entgegnete ihr lächelnd: „Na, jetzt weiß ich endlich von wem Lukas sein Down-Syndrom hat." Es heißt ja immer: „Hauptsache gesund". Von Ana habe ich gelernt, dass es heißen muss: „Hauptsache eine positive Lebenseinstellung."

Ulli wohnt zwar auch in Stuttgart, aber ich habe sie eigentlich erst über die Mailingliste näher kennen gelernt. Ich hatte damals in der Mailingliste um Rat ersucht, weil bei Juliana eine Hörbeeinträchtigung festgestellt worden war. Aus der Liste erfuhr ich, dass die Tochter von Ulrike, Marina, Paukenröhrchen hat – eine der Möglichkeiten, um gegen die Hörbeeinträchtigung anzugehen. Ich habe sie damals kurzerhand angerufen und seitdem stehen wir in Kontakt. Da es in unserer Stuttgarter „Kaffeekränzchenrunde" zu jenem Zeitpunkt fast ausschließlich Jungs gab, war ich hoch erfreut, diese süße, kleine Zaubermaus beim Familiennachmittag kennen zu lernen. Sie ist zwar zwei Jahre älter als Juliana, beide haben aber unheimlich viele Gemeinsamkeiten – sowohl positiv als auch negativ: beide sind ausgesprochene Papa-Mädchen, knirschen gerne mit den Zähnen und können manchmal ganz schön zickig werden.

Claudia und ihr Mann Frank sind erst vor kurzem aus Berlin nach Stuttgart gezogen. Obwohl wir uns schon häufiger bei der Krankengymnastik begegnet waren, habe ich sie erst letztes Jahr auf der Weihnachtsfeier der Stuttgarter Elterngruppe näher kennen gelernt. Ich kenne nur wenige Eltern, die sich von der Diagnose Down-Syndrom so wenig haben beeindrucken lassen wie Claudia und Frank. Als Claudia ihm damals die Diagnose mitteilte, muss Frank – immer noch hoch erfreut über die Geburt seiner Ricarda – einfach nur gesagt haben: „Egal, das ist unser Mädchen!"
Ricarda ist ein bildhübsches Mädchen mit strahlend blauen Augen und langen, blonden Haaren. Mit acht Monaten bekam sie BNS-Krämpfe (eine meist schwer zu

behandelnde Epilepsie-Erkrankung), die bei ihr aber glücklicherweise gut mit Medikamenten in den Griff zu kriegen war.

Sylvia habe ich auf der Fachtagung für Down-Syndrom in Potsdam näher kennen gelernt. Dadurch, dass Sylvias Tochter Sophie bereits acht Jahre alt ist, ist sie uns in vielen Sachen voraus. Wir konnten sie einmal für einen Vortrag zum Thema „Integration in der Schule“ gewinnen und waren alle begeistert von ihrer charismatischen Art, ihrer Ausdauer, Gelassenheit und ihrem Mut und Kampfgeist. „Nein, sie sei keine Kämpferin“, entgegnete sie uns, „aber dein Kind macht dich zur Löwin“.
Durch Sylvia haben die beiden Wörter "Liebe und Geduld" in meinem Leben eine ganz neue Bedeutung bekommen. Liebe und Geduld nicht nur für und mit meiner Tochter Juliana, sondern vor allem Liebe und Geduld für und mit unserer Gesellschaft (siehe Kapitel „Liebe und Geduld“).
Mit Sylvia könnte ich mich stundenlang unterhalten. Sie inspiriert mich jedes Mal aufs Neue. Ihre Tochter Sophie habe ich sofort in mein Herz geschlossen. Die Begegnungen mit ihr machen mir jedes Mal viel Mut und Hoffnung auf die Zukunft und geben neuen Auftrieb. Sophie kann lesen und schreiben und sehr gut und deutlich sprechen. Sie läuft sogar alleine von der Schule nach Hause. Und sie ist die perfekte Gastgeberin. Als Juliana und ich die beiden das erste Mal besucht hatten, stand Sophie ganz erwartungsvoll und lächelnd vor der Haustür und hat uns schon von weitem zugewinkt. Was für eine herrliche Begrüßungsszene! Der Empfang für einen Präsidenten hätte nicht schöner sein können.

Karen ist ein richtiger Goldschatz und wenn ich mal einen Tag keine E-Mail von ihr bekomme, zeige ich richtiggehend Entzugserscheinungen. Ich bin letztes Jahr in der Mailingliste auf sie aufmerksam geworden, als ich zufällig las, dass ihre Tochter Giulia am gleichen Tag geboren ist wie unsere Juliana. Fasziniert von diesem Zufall, habe ich ihr sofort eine E-Mail geschickt und seitdem haben wir beinahe täglich Kontakt. Wir konnten uns leider immer noch nicht persönlich kennen lernen, aber die 500-km-Entfernung werden wir sicher demnächst einmal überbrücken. Trotzdem wollte ich sie auf jeden Fall in diesem Buch dabei haben. So hat sie mir einfach ein paar Fotos zur Verfügung gestellt – die einzigen, die ich nicht selbst gemacht habe. Und obwohl wir uns noch nie gesehen haben, ist sie mir schon zu einer ganz lieben und vertrauten Freundin geworden. Als großer Giulia-Fan stillt sie meine „Sucht“ mit regelmäßigen Videokassetten und Foto-CDs und verwöhnt Juliana mit Kinderlieder-CDs oder schicken Kleidchen. Da Giulia am gleichen Tag geboren ist, bleibt es nicht aus, dass wir unsere zwei Mädels ab und zu miteinander vergleichen.
Giulia ist Juliana in einigen Dingen voraus und ich denke ihr Erfolgsrezept dafür ist zum einen ihre zwei Jahre ältere Schwester Maria, die sie bewundert und der sie alles nachmacht und zum anderen ihre Mutter, für die das Down-Syndrom überhaupt kein Thema mehr ist, die so gut wie keine Bücher darüber liest und zwischen den beiden keinen Unterschied macht.

Astrid habe ich erst vor ein paar Monaten kennen gelernt. Nachdem unser Erfahrungsbericht – in dem unter anderem Julianas Homepage "www.juliana-franziska-sophie.com" vorgestellt wurde - in der Zeitschrift „Leben mit Down-Syndrom" erschienen war, hatte uns Astrid eine E-Mail geschickt. Wir haben festgestellt, dass wir nicht nur gemeinsame Bekannte haben, sondern Astrids Mann Holger in meine Parallelklasse ging. Nach einem regen E-Mail-Verkehr haben wir beschlossen, uns endlich einmal zu treffen. Wir hätten uns an diesem Tag noch stundenlang weiter unterhalten können, da wir sofort sehr viele Gemeinsamkeiten festgestellt haben. Obwohl sich Astrid – vor allem auf medizinischem Gebiet – sehr gut mit Down-Syndrom auskennt und schon viel darüber gelesen hat, merkt man sofort, dass es in ihrem Alltag so gut wie keine Rolle spielt. Vielleicht ist dies das Erfolgsrezept, warum ihr kleiner Liebling Dominic sich trotz Herzfehler so prächtig entwickelt hat.

So, nun aber genug gezeigt und geschrieben über die Mütter – das nächste Mal sind die Väter dran!

Nachwort von Siegfried M. Pueschel

Dr. med., Dr. phil., Dr. jur. Siegfried M. Pueschel ist Professor für Kinderheilhunde an der Brown University und Direktor des Child Development Center am Rhode Island Hospital in Providence, USA.
Er ist ein weltweit anerkannter Fachmann für Menschen mit Down-Syndrom.
Vor allem aber ist er der Vater von Chris, einem jungen Mann mit Down-Syndrom, der 1998 im Alter von 33 Jahren plötzlich auf einer Reise verstorben ist.

Dieses Buch ist so schön geschrieben und illustriert, dass es in der Tat „außergewöhnlich" ist. Hier erzählen 15 Mütter mit ihren eigenen Worten die einzigartigen Erfahrungen mit ihren Kindern mit Down-Syndrom.

Wie so viele schwangere Frauen hatten sie sich auf ein glückliches Ereignis gefreut: auf die Geburt ihres Kindes. Aber ihre Träume wurden bald zerschlagen, als sie erfuhren, dass ihr Kind Down-Syndrom hat. Während dieses traumatischen Erlebnisses durchlebten sie Verzweiflung, extreme Angst und andere Gefühle. Ihre Traurigkeit und tiefe Besorgnis wich aber allmählich der Freude und echtem Glück, als die liebenswerte Persönlichkeit der Kinder und ihre beständigen Entwicklungsfortschritte die Herzen ihrer Eltern eroberten.

So fingen viele Eltern an, das Leben ihres Kindes zu feiern; dies wird hier aus verschiedenen Sichtweisen und mit warmherzigen Worten beschrieben. Das Wichtigste ist aber, dass die wunderbaren Texte der Mütter und die großartigen Bilder uns die außergewöhnlichen menschlichen Qualitäten der Kinder, ihren besonderen Beitrag für die Gesellschaft und ihre Leidenschaft zu leben, eindringlich vor Augen führen.

Ich bin der festen Überzeugung, dass diese Menschlichkeit und diese bemerkenswerten menschlichen Eigenschaften erhalten werden müssen in einer Welt, in der manche Kräfte uns den Glauben an technischen Lösungen, besonders im Bereich der vorgeburtlichen Diagnose, aufzuzwingen glauben.

Unsere Kinder mit Down-Syndrom lehren uns, dass jedes Kind ein wertvolles menschliches Wesen ist. Und wenn wir glauben, dass der Wert menschlichen Lebens unermesslich ist, dann müssen wir auch daran festhalten, dass die Unantastbarkeit und Heiligkeit des menschlichen Lebens nicht von intellektuellen oder physischen Eigenschaften berührt, beeinträchtigt oder begrenzt wird.

Es ist deshalb unerlässlich, dass wir uns als Gesellschaft auf die grundsätzlichen Prinzipien des Lebens, die Ehrfurcht vor dem Leben und die selbstlose Sorge um die menschliche Würde, besinnen. Es ist unerlässlich, dass die Ehrfurcht vor dem Leben, die Wertschätzung jeden menschlichen Lebens einschließlich unserer Kinder mit Down-Syndrom die Eckpfeiler für das Überleben der Gesellschaft bilden. Es muss die Achtung vor der Heiligkeit des menschlichen Lebens und vor der Würde eines jeden Menschen geben.

Dies ist es genau, was diese „außergewöhnlichen" Mütter uns sagen, wenn sie von ihren wunderbaren Kindern erzählen. Außerdem sprechen die bezaubernden Bilder, die den Text begleiten, Bände. Sie stellen lebhaft die Freude, Schönheit und Lebendigkeit der Kinder dar, die kaum in Worte gefasst werden kann.

Siegfried M. Pueschel

Vielen Dank!

Aus einer ersten Idee wurde durch viele ermutigende Gespräche, tatkräftige Unterstützung und auch das ein oder andere kritische Wort das vorliegende Buch, auf das ich sehr stolz bin. Dafür möchte ich mich ganz besonders bei einigen Menschen bedanken:

Meinem Mann und bestem Freund Martin, der mir mit unserer Tochter Juliana das schönste Geschenk überhaupt gemacht hat. Und damit auch den Anstoß zu diesem Buch gegeben hat. Danke, dass Du mir in den letzten Monaten und Wochen den Rücken frei gehalten hast und immer für mich da warst. Du bist der kreativste Mensch, den ich kenne.

Unserem Freund Frank Albrecht, der mich in allen Phasen der Bucherstellung – von den Fotografien bis zur späteren Umsetzung – mit Rat, Tat und Kritik unterstützt hat. Und der als Mann vom Fach immer ein Auge auf die spätere Produktion hatte. Lieber Frank, ohne dich würde es das Buch nicht geben. Und keine Panik wegen der grauen Haare, die dir durch dieses Buch gewachsen sind – steht dir ganz gut.

Allen außergewöhnlichen Müttern, die ich für dieses Buch fotografieren durfte: für ihren Enthusiasmus, ihre Geduld, ihre beständigen Ermutigungen und nicht zuletzt für die wunderschönen Geschichten, die sie für dieses Buch geschrieben haben. Nicht nur ihr helft euren Kindern, ihr Potenzial auszuschöpfen, sondern eure Kinder helfen euch, euer größtmögliches Potenzial auszuschöpfen.

Meiner Freundin und Julianas Patentante Dorothea für ihr geschultes Auge und ihre stilsichere und konstruktive Kritik. Liebe Doro, danke, dass du immer für uns da bist. Wir sind so froh, dass es dich gibt!

Meinen Freundinnen Christiane, Irma und Stephanie für ihren kreativen und wertvollen Input. Vielen Dank, dass ihr euch die Zeit genommen habt.

Dem Arbeitskreis Down-Syndrom e.V. in Bielefeld danke ich für die Aufnahme in die Schriftenreihe "Da sein, wo alle sind"; insbesondere Günter Fröhlich und Rita Lawrenz für ihr großes Vertrauen. Vielen Dank, dass ihr so uneingeschränkt an das Projekt geglaubt habt. Das gilt auch für Hermann Stüssel, der sich von Anfang an für das Buchprojekt begeistert und alle Hebel in Bewegung gesetzt hat, damit dieses Buch realisiert werden konnte. Lieber Hermann, es war mir eine große Ehre und hat wahnsinnig Spaß gemacht, mit dir zusammenzuarbeiten. Und nicht zuletzt Prof. Dr. Siegfried M. Pueschel für das schöne Nachwort.

Nicht vergessen werden sollen auch die Personen und Institutionen, die durch finanzielle und technische Hilfen die Herausgabe des Buches erst möglich gemacht haben: stellvertretend seien hier der Paranus Verlag, das proWerk-Servicecenter Druck, die Stiftung "Ja zum Leben" und die Selbsthilfeförderung der Krankenkassen genannt; alle Helferinnen und Helfer sind ausdrücklich in diesen Dank eingeschlossen.

All diese Menschen haben maßgeblich zum Gelingen des Buches beigetragen. Folgenden Menschen möchte ich ganz herzlich danken, weil sie jeden Tag maßgeblich zum Gelingen unseres Lebens beitragen:

Meiner Mutter Elfie, die Juliana sofort bedingungslos angenommen hat, für ihren unerschütterlichen Glauben an mich. Meinem Vater Ernst für seine bedingungslose Liebe (Du fehlst uns sehr und wärst sicher mächtig stolz auf Juliana!). Meinem Bruder und Julianas stolzem Onkel Markus, der etliche Reisestrapazen auf sich nimmt, um seine kleine Nichte oft zu sehen. Martins Mutter Maria, die das allergrößte Herz auf dieser Welt hat und Martins Vater Pepp, der davon überzeugt ist, das süßeste Enkelkind der Welt zu haben.

Und nicht zuletzt ein riesengroßes Dankeschön an all unsere Verwandten, Bekannten, Kollegen, Nachbarn und ganz lieben Freunde, die Juliana in ihr Herz geschlossen haben, die die richtigen Worte gefunden und sich mit uns über Julianas Erfolge gefreut haben und die sie als das ansehen, was sie ist: ein ganz normales Mädchen, aber eben doch etwas ganz Außergewöhnliches. An alle Passanten, Supermarkt-angestellten, Mitreisenden oder älteren Damen, die mir mit ihrem "Was für ein bezauberndes Mädchen!" den Tag so unendlich versüßt haben.

Die Erstellung dieses Buches wurde möglich durch die großzügige Unterstützung der Aktion Mensch

Humana hat die Verteilung des Buches an Arztpraxen, Kliniken usw. auf einfachem Wege möglich gemacht.

Der Arbeitskreis Down-Syndrom e. V.

Der Arbeitskreis entstand 1977 als Initiative mehrerer Eltern von Kindern mit Down-Syndrom in Bielefeld. Etwa zehn Jahre später wurde der Arbeitskreis als gemeinnütziger Verein in das Vereinsregister eingetragen und damit rechtlich selbständig. Heute zählt der Arbeitskreis Down-Syndrom e. V. über 1.800 Mitglieder aus allen Bundesländern.

Der Arbeitskreis will die Öffentlichkeit über Menschen mit Down-Syndrom informieren und Vorurteile abbauen. Er möchte Eltern, die vielleicht noch unsicher sind, dazu ermuntern, ihre Kinder so zu akzeptieren, wie sie sind. Menschen mit Down-Syndrom sollen die Hilfen bekommen, die sie brauchen, um nach ihren Fähigkeiten und Kräften ihren individuellen Beitrag für unsere Gesellschaft leisten zu können.

Weitere Informationen:

ARBEITSKREIS DOWN-SYNDROM e. V.
Gadderbaumer Straße 28 - 33602 Bielefeld
Tel. (05 21) 44 29 98 - Fax (05 21) 94 29 04
e-mail: ak@down-syndrom.org
http://www.down-syndrom.org

Edition Jakob van Hoddis

Die beiden ersten Bände der Schriftenreihe des ARBEITSKREIS DOWN-SYNDROM e.V. „Da sein, wo alle sind" sind im Verlag Jakob van Hoddis in Gütersloh erschienen. Der Name dieses Verlages erinnert an den Dichter Jakob van Hoddis (eigentlich Hans Davidsohn).
Geboren 1887 in Berlin als Sohn einer jüdischen Bürgerfamilie, schrieb er bereits 1911 mit dem vielleicht berühmtesten expressionistischen Gedicht „Weltende" Literaturgeschichte:
„Dem Bürger fliegt vom spitzen Kopf der Hut, in allen Lüften hallt es wie Geschrei ..."
Sein Leben als Jude und als psychisch Erkrankter, von den Nationalsozialisten als minderwertig abgestempelt, endete im Mai 1942 mit der Deportation und Ermordung in Polen.
Der Paranus Verlag der Brücke Neumünster fühlt sich dem Gründungsanliegen des Verlages Jakob van Hoddis verpflichtet, dankt allen Menschen, die sich für diesen besonderen Verlag eingesetzt haben, und möchte mit seiner Edition Jakob van Hoddis dessen Tradition gerne fortsetzen.

Lesehinweis: Fritz Bremer: In allen Lüften hallt es wie Geschrei, Jakob van Hoddis – Fragmente einer Biographie, Paranus Verlag, 2001

Die Autorin

Conny Rapp, 1967 in Pforzheim geboren, hat eine zweijährige Tochter mit Down-Syndrom und lebt mit ihrer Familie in Stuttgart. Die studierte Betriebswirtin und begeisterte Fotografin war nach längeren Aufenthalten in Japan und USA zuletzt Personalleiterin eines Stuttgarter Medienunternehmens. Sie ist Gründungsmitglied des Vereins 46PLUS - Down-Syndrom Stuttgart e. V.

e-mail: aussergewoehnlich@connyrapp.com
http://www.connyrapp.com/aussergewoehnlich